Arbeitszeitgesetz
(ArbZG)

sowie

Fahrpersonalgesetz (FPersG)

Fahrpersonalverordnung (FPersV)

2. Aufl. 2016

Impressum

© MGJV-Verlag, Hans-Much-Weg 14, 20249 Hamburg, Telefon: 040/ 32030589; Bitte wenden Sie sich mit Ihren Anliegen auch auf elektronischem Wege an uns: *MGJV.Verlag@gmail.com*

Inhaltliche Verantwortung und Aktualität: Redaktion MGJV

Satz, Druck und Bindung: Externe Dienstleister; alle Rechte MGJV-Verlag

Umschlaggestaltung: Gustav Broedecker. Alle Rechte MGJV-Verlag

Wir sind bemüht, ein ansprechendes Produkt zu gestalten, dass angemessenen Ansprüchen an das Preis/Leistungsverhältnis und vernünftigen Qualitätserwartungen gerecht wird. Konstruktive Anregungen nutzen wir gerne, um künftige Auflagen zu ergänzen und anzupassen.

- - - - -

Über eine Bewertung bei Amazon oder anderen Distributoren freut sich die Redaktion.Mit Kritik und Verbesserungsvorschlägen für künftige Ausgaben wenden Sie sich auch gerne an MGJV.Verlag@gmail.com

Vielen Dank, Ihre Redaktion MGJV

Inhaltsverzeichnis

Arbeitszeitgesetz (ArbZG)

-

Ausfertigungsdatum: 06.06.1994

"Arbeitszeitgesetz vom 6. Juni 1994 (BGBl. I S. 1170, 1171), das zuletzt durch Artikel 3 Absatz 6 des Gesetzes vom 20. April 2013 (BGBl. I S. 868) geändert worden ist" Zuletzt geändert durch Art. 3 Abs. 6 G v. 20.4.2013 I 868

Fußnote

(+++ Textnachweis ab: 1.7.1994 +++)
(+++ Umsetzung der
   EGRL 104/93 (CELEX Nr: 393L0104)
   vgl. Art. 4b G v. 24.12.2003 I 3002 +++)

Das G wurde als Artikel 1 G v. 6.6.1994 I 1170 (ArbZRG) vom Bundestag beschlossen. Es ist gem. Art. 21 Satz 2 dieses G am 1.7.1994 in Kraft getreten.

Erster Abschnitt
Allgemeine Vorschriften

-

§ 1 Zweck des Gesetzes

Zweck des Gesetzes ist es,

1.

 die Sicherheit und den Gesundheitsschutz der Arbeitnehmer in der Bundesrepublik Deutschland und in der ausschließlichen Wirtschaftszone bei der Arbeitszeitgestaltung zu gewährleisten und die Rahmenbedingungen für flexible Arbeitszeiten zu verbessern sowie

2.

 den Sonntag und die staatlich anerkannten Feiertage als Tage der Arbeitsruhe und der seelischen Erhebung der Arbeitnehmer zu schützen.

-

§ 2 Begriffsbestimmungen

(1) Arbeitszeit im Sinne dieses Gesetzes ist die Zeit vom Beginn bis zum Ende der Arbeit ohne die Ruhepausen; Arbeitszeiten bei mehreren Arbeitgebern sind zusammenzurechnen. Im Bergbau unter Tage zählen die Ruhepausen zur Arbeitszeit.

(2) Arbeitnehmer im Sinne dieses Gesetzes sind Arbeiter und Angestellte sowie die zu ihrer Berufsbildung Beschäftigten.

(3) Nachtzeit im Sinne dieses Gesetzes ist die Zeit von 23 bis 6 Uhr, in Bäckereien und Konditoreien die Zeit von 22 bis 5 Uhr.

(4) Nachtarbeit im Sinne dieses Gesetzes ist jede Arbeit, die mehr als zwei Stunden der Nachtzeit umfaßt.

(5) Nachtarbeitnehmer im Sinne dieses Gesetzes sind Arbeitnehmer, die

1.

    auf Grund ihrer Arbeitszeitgestaltung normalerweise Nachtarbeit in Wechselschicht zu leisten haben oder

2.

    Nachtarbeit an mindestens 48 Tagen im Kalenderjahr leisten.

Zweiter Abschnitt
Werktägliche Arbeitszeit und arbeitsfreie Zeiten

-

§ 3 Arbeitszeit der Arbeitnehmer

Die werktägliche Arbeitszeit der Arbeitnehmer darf acht Stunden nicht überschreiten. Sie kann auf bis zu zehn Stunden nur verlängert werden, wenn innerhalb von sechs Kalendermonaten oder innerhalb von 24 Wochen im Durchschnitt acht Stunden werktäglich nicht überschritten werden.

-

§ 4 Ruhepausen

Die Arbeit ist durch im voraus feststehende Ruhepausen von mindestens 30 Minuten bei einer Arbeitszeit von mehr als sechs bis zu neun Stunden und 45 Minuten bei einer Arbeitszeit von mehr als neun Stunden insgesamt zu unterbrechen. Die Ruhepausen nach Satz 1 können in Zeitabschnitte von jeweils mindestens 15 Minuten aufgeteilt werden. Länger als sechs Stunden hintereinander dürfen Arbeitnehmer nicht ohne Ruhepause beschäftigt werden.

-

§ 5 Ruhezeit

(1) Die Arbeitnehmer müssen nach Beendigung der täglichen Arbeitszeit eine

4

ununterbrochene Ruhezeit von mindestens elf Stunden haben.

(2) Die Dauer der Ruhezeit des Absatzes 1 kann in Krankenhäusern und anderen Einrichtungen zur Behandlung, Pflege und Betreuung von Personen, in Gaststätten und anderen Einrichtungen zur Bewirtung und Beherbergung, in Verkehrsbetrieben, beim Rundfunk sowie in der Landwirtschaft und in der Tierhaltung um bis zu eine Stunde verkürzt werden, wenn jede Verkürzung der Ruhezeit innerhalb eines Kalendermonats oder innerhalb von vier Wochen durch Verlängerung einer anderen Ruhezeit auf mindestens zwölf Stunden ausgeglichen wird.

(3) Abweichend von Absatz 1 können in Krankenhäusern und anderen Einrichtungen zur Behandlung, Pflege und Betreuung von Personen Kürzungen der Ruhezeit durch Inanspruchnahmen während der Rufbereitschaft, die nicht mehr als die Hälfte der Ruhezeit betragen, zu anderen Zeiten ausgeglichen werden.

(4) (weggefallen)

-

§ 6 Nacht- und Schichtarbeit

(1) Die Arbeitszeit der Nacht- und Schichtarbeitnehmer ist nach den gesicherten arbeitswissenschaftlichen Erkenntnissen über die menschengerechte Gestaltung der Arbeit festzulegen.

(2) Die werktägliche Arbeitszeit der Nachtarbeitnehmer darf acht Stunden nicht überschreiten. Sie kann auf bis zu zehn Stunden nur verlängert werden, wenn abweichend von § 3 innerhalb von einem Kalendermonat oder innerhalb von vier Wochen im Durchschnitt acht Stunden werktäglich nicht überschritten werden. Für Zeiträume, in denen Nachtarbeitnehmer im Sinne des § 2 Abs. 5 Nr. 2 nicht zur Nachtarbeit herangezogen werden, findet § 3 Satz 2 Anwendung.

(3) Nachtarbeitnehmer sind berechtigt, sich vor Beginn der Beschäftigung und danach in regelmäßigen Zeitabständen von nicht weniger als drei Jahren arbeitsmedizinisch untersuchen zu lassen. Nach Vollendung des 50. Lebensjahres steht Nachtarbeitnehmern dieses Recht in Zeitabständen von einem Jahr zu. Die Kosten der Untersuchungen hat der Arbeitgeber zu tragen, sofern er die Untersuchungen den Nachtarbeitnehmern nicht kostenlos durch einen Betriebsarzt oder einen überbetrieblichen Dienst von Betriebsärzten anbietet.

(4) Der Arbeitgeber hat den Nachtarbeitnehmer auf dessen Verlangen auf einen für ihn geeigneten Tagesarbeitsplatz umzusetzen, wenn

a)
nach arbeitsmedizinischer Feststellung die weitere Verrichtung von Nachtarbeit den Arbeitnehmer in seiner Gesundheit gefährdet oder

b)
im Haushalt des Arbeitnehmers ein Kind unter zwölf Jahren lebt, das nicht von einer anderen im Haushalt lebenden Person betreut werden kann, oder

c)

der Arbeitnehmer einen schwerpflegebedürftigen Angehörigen zu versorgen hat, der nicht von einem anderen im Haushalt lebenden Angehörigen versorgt werden kann,

sofern dem nicht dringende betriebliche Erfordernisse entgegenstehen. Stehen der Umsetzung des Nachtarbeitnehmers auf einen für ihn geeigneten Tagesarbeitsplatz nach Auffassung des Arbeitgebers dringende betriebliche Erfordernisse entgegen, so ist der Betriebs- oder Personalrat zu hören. Der Betriebs- oder Personalrat kann dem Arbeitgeber Vorschläge für eine Umsetzung unterbreiten.

(5) Soweit keine tarifvertraglichen Ausgleichsregelungen bestehen, hat der Arbeitgeber dem Nachtarbeitnehmer für die während der Nachtzeit geleisteten Arbeitsstunden eine angemessene Zahl bezahlter freier Tage oder einen angemessenen Zuschlag auf das ihm hierfür zustehende Bruttoarbeitsentgelt zu gewähren.

(6) Es ist sicherzustellen, daß Nachtarbeitnehmer den gleichen Zugang zur betrieblichen Weiterbildung und zu aufstiegsfördernden Maßnahmen haben wie die übrigen Arbeitnehmer.

-

§ 7 Abweichende Regelungen

(1) In einem Tarifvertrag oder auf Grund eines Tarifvertrags in einer Betriebs- oder Dienstvereinbarung kann zugelassen werden,

1.

abweichend von § 3

a)

die Arbeitszeit über zehn Stunden werktäglich zu verlängern, wenn in die Arbeitszeit regelmäßig und in erheblichem Umfang Arbeitsbereitschaft oder Bereitschaftsdienst fällt,

b)

einen anderen Ausgleichszeitraum festzulegen,

c)

(weggefallen)

2.

abweichend von § 4 Satz 2 die Gesamtdauer der Ruhepausen in Schichtbetrieben und Verkehrsbetrieben auf Kurzpausen von angemessener Dauer aufzuteilen,

3.

abweichend von § 5 Abs. 1 die Ruhezeit um bis zu zwei Stunden zu kürzen, wenn die Art der Arbeit dies erfordert und die Kürzung der Ruhezeit innerhalb eines festzulegenden Ausgleichszeitraums ausgeglichen wird,

4.

abweichend von § 6 Abs. 2

a)

6

die Arbeitszeit über zehn Stunden werktäglich hinaus zu verlängern, wenn in die Arbeitszeit regelmäßig und in erheblichem Umfang Arbeitsbereitschaft oder Bereitschaftsdienst fällt,

b)

einen anderen Ausgleichszeitraum festzulegen,

5.

den Beginn des siebenstündigen Nachtzeitraums des § 2 Abs. 3 auf die Zeit zwischen 22 und 24 Uhr festzulegen.

(2) Sofern der Gesundheitsschutz der Arbeitnehmer durch einen entsprechenden Zeitausgleich gewährleistet wird, kann in einem Tarifvertrag oder auf Grund eines Tarifvertrags in einer Betriebs- oder Dienstvereinbarung ferner zugelassen werden,

1.

abweichend von § 5 Abs. 1 die Ruhezeiten bei Rufbereitschaft den Besonderheiten dieses Dienstes anzupassen, insbesondere Kürzungen der Ruhezeit infolge von Inanspruchnahmen während dieses Dienstes zu anderen Zeiten auszugleichen,

2.

die Regelungen der §§ 3, 5 Abs. 1 und § 6 Abs. 2 in der Landwirtschaft der Bestellungs- und Erntezeit sowie den Witterungseinflüssen anzupassen,

3.

die Regelungen der §§ 3, 4, 5 Abs. 1 und § 6 Abs. 2 bei der Behandlung, Pflege und Betreuung von Personen der Eigenart dieser Tätigkeit und dem Wohl dieser Personen entsprechend anzupassen,

4.

die Regelungen der §§ 3, 4, 5 Abs. 1 und § 6 Abs. 2 bei Verwaltungen und Betrieben des Bundes, der Länder, der Gemeinden und sonstigen Körperschaften, Anstalten und Stiftungen des öffentlichen Rechts sowie bei anderen Arbeitgebern, die der Tarifbindung eines für den öffentlichen Dienst geltenden oder eines im wesentlichen inhaltsgleichen Tarifvertrags unterliegen, der Eigenart der Tätigkeit bei diesen Stellen anzupassen.

(2a) In einem Tarifvertrag oder auf Grund eines Tarifvertrags in einer Betriebs- oder Dienstvereinbarung kann abweichend von den §§ 3, 5 Abs. 1 und § 6 Abs. 2 zugelassen werden, die werktägliche Arbeitszeit auch ohne Ausgleich über acht Stunden zu verlängern, wenn in die Arbeitszeit regelmäßig und in erheblichem Umfang Arbeitsbereitschaft oder Bereitschaftsdienst fällt und durch besondere Regelungen sichergestellt wird, dass die Gesundheit der Arbeitnehmer nicht gefährdet wird.

(3) Im Geltungsbereich eines Tarifvertrags nach Absatz 1, 2 oder 2a können abweichende tarifvertragliche Regelungen im Betrieb eines nicht tarifgebundenen Arbeitgebers durch Betriebs- oder Dienstvereinbarung oder, wenn ein Betriebs- oder Personalrat nicht besteht, durch schriftliche Vereinbarung zwischen dem Arbeitgeber und dem Arbeitnehmer übernommen werden. Können auf Grund eines solchen Tarifvertrags abweichende Regelungen in einer Betriebs- oder Dienstvereinbarung getroffen werden, kann auch in Betrieben eines nicht tarifgebundenen Arbeitgebers davon Gebrauch gemacht werden. Eine nach Absatz

2 Nr. 4 getroffene abweichende tarifvertragliche Regelung hat zwischen nicht tarifgebundenen Arbeitgebern und Arbeitnehmern Geltung, wenn zwischen ihnen die Anwendung der für den öffentlichen Dienst geltenden tarifvertraglichen Bestimmungen vereinbart ist und die Arbeitgeber die Kosten des Betriebs überwiegend mit Zuwendungen im Sinne des Haushaltsrechts decken.

(4) Die Kirchen und die öffentlich-rechtlichen Religionsgesellschaften können die in Absatz 1, 2 oder 2a genannten Abweichungen in ihren Regelungen vorsehen.

(5) In einem Bereich, in dem Regelungen durch Tarifvertrag üblicherweise nicht getroffen werden, können Ausnahmen im Rahmen des Absatzes 1, 2 oder 2a durch die Aufsichtsbehörde bewilligt werden, wenn dies aus betrieblichen Gründen erforderlich ist und die Gesundheit der Arbeitnehmer nicht gefährdet wird.

(6) Die Bundesregierung kann durch Rechtsverordnung mit Zustimmung des Bundesrates Ausnahmen im Rahmen des Absatzes 1 oder 2 zulassen, sofern dies aus betrieblichen Gründen erforderlich ist und die Gesundheit der Arbeitnehmer nicht gefährdet wird.

(7) Auf Grund einer Regelung nach Absatz 2a oder den Absätzen 3 bis 5 jeweils in Verbindung mit Absatz 2a darf die Arbeitszeit nur verlängert werden, wenn der Arbeitnehmer schriftlich eingewilligt hat. Der Arbeitnehmer kann die Einwilligung mit einer Frist von sechs Monaten schriftlich widerrufen. Der Arbeitgeber darf einen Arbeitnehmer nicht benachteiligen, weil dieser die Einwilligung zur Verlängerung der Arbeitszeit nicht erklärt oder die Einwilligung widerrufen hat.

(8) Werden Regelungen nach Absatz 1 Nr. 1 und 4, Absatz 2 Nr. 2 bis 4 oder solche Regelungen auf Grund der Absätze 3 und 4 zugelassen, darf die Arbeitszeit 48 Stunden wöchentlich im Durchschnitt von zwölf Kalendermonaten nicht überschreiten. Erfolgt die Zulassung auf Grund des Absatzes 5, darf die Arbeitszeit 48 Stunden wöchentlich im Durchschnitt von sechs Kalendermonaten oder 24 Wochen nicht überschreiten.

(9) Wird die werktägliche Arbeitszeit über zwölf Stunden hinaus verlängert, muss im unmittelbaren Anschluss an die Beendigung der Arbeitszeit eine Ruhezeit von mindestens elf Stunden gewährt werden.

-

§ 8 Gefährliche Arbeiten

Die Bundesregierung kann durch Rechtsverordnung mit Zustimmung des Bundesrates für einzelne Beschäftigungsbereiche, für bestimmte Arbeiten oder für bestimmte Arbeitnehmergruppen, bei denen besondere Gefahren für die Gesundheit der Arbeitnehmer zu erwarten sind, die Arbeitszeit über § 3 hinaus beschränken, die Ruhepausen und Ruhezeiten über die §§ 4 und 5 hinaus ausdehnen, die Regelungen zum Schutz der Nacht- und Schichtarbeitnehmer in § 6 erweitern und die Abweichungsmöglichkeiten nach § 7 beschränken, soweit dies zum Schutz der Gesundheit der Arbeitnehmer erforderlich ist. Satz 1 gilt nicht für Beschäftigungsbereiche und Arbeiten in Betrieben, die der Bergaufsicht unterliegen.

Dritter Abschnitt
Sonn- und Feiertagsruhe

-

§ 9 Sonn- und Feiertagsruhe

(1) Arbeitnehmer dürfen an Sonn- und gesetzlichen Feiertagen von 0 bis 24 Uhr nicht beschäftigt werden.

(2) In mehrschichtigen Betrieben mit regelmäßiger Tag- und Nachtschicht kann Beginn oder Ende der Sonn- und Feiertagsruhe um bis zu sechs Stunden vor- oder zurückverlegt werden, wenn für die auf den Beginn der Ruhezeit folgenden 24 Stunden der Betrieb ruht.

(3) Für Kraftfahrer und Beifahrer kann der Beginn der 24stündigen Sonn- und Feiertagsruhe um bis zu zwei Stunden vorverlegt werden.

-

§ 10 Sonn- und Feiertagsbeschäftigung

(1) Sofern die Arbeiten nicht an Werktagen vorgenommen werden können, dürfen Arbeitnehmer an Sonn- und Feiertagen abweichend von § 9 beschäftigt werden

1.
   in Not- und Rettungsdiensten sowie bei der Feuerwehr,

2.
   zur Aufrechterhaltung der öffentlichen Sicherheit und Ordnung sowie der Funktionsfähigkeit von Gerichten und Behörden und für Zwecke der Verteidigung,

3.
   in Krankenhäusern und anderen Einrichtungen zur Behandlung, Pflege und Betreuung von Personen,

4.
   in Gaststätten und anderen Einrichtungen zur Bewirtung und Beherbergung sowie im Haushalt,

5.
   bei Musikaufführungen, Theatervorstellungen, Filmvorführungen, Schaustellungen, Darbietungen und anderen ähnlichen Veranstaltungen,

6.
   bei nichtgewerblichen Aktionen und Veranstaltungen der Kirchen, Religionsgesellschaften, Verbände, Vereine, Parteien und anderer ähnlicher Vereinigungen,

7.
   beim Sport und in Freizeit-, Erholungs- und Vergnügungseinrichtungen, beim Fremdenverkehr sowie in Museen und wissenschaftlichen Präsenzbibliotheken,

9

8.

beim Rundfunk, bei der Tages- und Sportpresse, bei Nachrichtenagenturen sowie bei den der Tagesaktualität dienenden Tätigkeiten für andere Presseerzeugnisse einschließlich des Austragens, bei der Herstellung von Satz, Filmen und Druckformen für tagesaktuelle Nachrichten und Bilder, bei tagesaktuellen Aufnahmen auf Ton- und Bildträger sowie beim Transport und Kommissionieren von Presseerzeugnissen, deren Ersterscheinungstag am Montag oder am Tag nach einem Feiertag liegt,

9.

bei Messen, Ausstellungen und Märkten im Sinne des Titels IV der Gewerbeordnung sowie bei Volksfesten,

10.

in Verkehrsbetrieben sowie beim Transport und Kommissionieren von leichtverderblichen Waren im Sinne des § 30 Abs. 3 Nr. 2 der Straßenverkehrsordnung,

11.

in den Energie- und Wasserversorgungsbetrieben sowie in Abfall- und Abwasserentsorgungsbetrieben,

12.

in der Landwirtschaft und in der Tierhaltung sowie in Einrichtungen zur Behandlung und Pflege von Tieren,

13.

im Bewachungsgewerbe und bei der Bewachung von Betriebsanlagen,

14.

bei der Reinigung und Instandhaltung von Betriebseinrichtungen, soweit hierdurch der regelmäßige Fortgang des eigenen oder eines fremden Betriebs bedingt ist, bei der Vorbereitung der Wiederaufnahme des vollen werktägigen Betriebs sowie bei der Aufrechterhaltung der Funktionsfähigkeit von Datennetzen und Rechnersystemen,

15.

zur Verhütung des Verderbens von Naturerzeugnissen oder Rohstoffen oder des Mißlingens von Arbeitsergebnissen sowie bei kontinuierlich durchzuführenden Forschungsarbeiten,

16.

zur Vermeidung einer Zerstörung oder erheblichen Beschädigung der Produktionseinrichtungen.

(2) Abweichend von § 9 dürfen Arbeitnehmer an Sonn- und Feiertagen mit den Produktionsarbeiten beschäftigt werden, wenn die infolge der Unterbrechung der Produktion nach Absatz 1 Nr. 14 zulässigen Arbeiten den Einsatz von mehr Arbeitnehmern als bei durchgehender Produktion erfordern.

(3) Abweichend von § 9 dürfen Arbeitnehmer an Sonn- und Feiertagen in Bäckereien und Konditoreien für bis zu drei Stunden mit der Herstellung und dem Austragen oder Ausfahren von Konditorwaren und an diesem Tag zum Verkauf kommenden Bäckerwaren beschäftigt werden.

(4) Sofern die Arbeiten nicht an Werktagen vorgenommen werden können, dürfen

Arbeitnehmer zur Durchführung des Eil- und Großbetragszahlungsverkehrs und des Geld-, Devisen-, Wertpapier- und Derivatehandels abweichend von § 9 Abs. 1 an den auf einen Werktag fallenden Feiertagen beschäftigt werden, die nicht in allen Mitgliedstaaten der Europäischen Union Feiertage sind.

-

§ 11 Ausgleich für Sonn- und Feiertagsbeschäftigung

(1) Mindestens 15 Sonntage im Jahr müssen beschäftigungsfrei bleiben.
(2) Für die Beschäftigung an Sonn- und Feiertagen gelten die §§ 3 bis 8 entsprechend, jedoch dürfen durch die Arbeitszeit an Sonn- und Feiertagen die in den §§ 3, 6 Abs. 2, §§ 7 und 21a Abs. 4 bestimmten Höchstarbeitszeiten und Ausgleichszeiträume nicht überschritten werden.
(3) Werden Arbeitnehmer an einem Sonntag beschäftigt, müssen sie einen Ersatzruhetag haben, der innerhalb eines den Beschäftigungstag einschließenden Zeitraums von zwei Wochen zu gewähren ist. Werden Arbeitnehmer an einem auf einen Werktag fallenden Feiertag beschäftigt, müssen sie einen Ersatzruhetag haben, der innerhalb eines den Beschäftigungstag einschließenden Zeitraums von acht Wochen zu gewähren ist.
(4) Die Sonn- oder Feiertagsruhe des § 9 oder der Ersatzruhetag des Absatzes 3 ist den Arbeitnehmern unmittelbar in Verbindung mit einer Ruhezeit nach § 5 zu gewähren, soweit dem technische oder arbeitsorganisatorische Gründe nicht entgegenstehen.

-

§ 12 Abweichende Regelungen

In einem Tarifvertrag oder auf Grund eines Tarifvertrags in einer Betriebs- oder Dienstvereinbarung kann zugelassen werden,

1.

abweichend von § 11 Abs. 1 die Anzahl der beschäftigungsfreien Sonntage in den Einrichtungen des § 10 Abs. 1 Nr. 2, 3, 4 und 10 auf mindestens zehn Sonntage, im Rundfunk, in Theaterbetrieben, Orchestern sowie bei Schaustellungen auf mindestens acht Sonntage, in Filmtheatern und in der Tierhaltung auf mindestens sechs Sonntage im Jahr zu verringern,

2.

abweichend von § 11 Abs. 3 den Wegfall von Ersatzruhetagen für auf Werktage fallende Feiertage zu vereinbaren oder Arbeitnehmer innerhalb eines festzulegenden Ausgleichszeitraums beschäftigungsfrei zu stellen,

3.

abweichend von § 11 Abs. 1 bis 3 in der Seeschiffahrt die den Arbeitnehmern nach diesen Vorschriften zustehenden freien Tage zusammenhängend zu geben,

4.

abweichend von § 11 Abs. 2 die Arbeitszeit in vollkontinuierlichen Schichtbetrieben an Sonn- und Feiertagen auf bis zu zwölf Stunden zu verlängern, wenn dadurch zusätzliche freie Schichten an Sonn- und Feiertagen erreicht werden.
§ 7 Abs. 3 bis 6 findet Anwendung.

-

§ 13 Ermächtigung, Anordnung, Bewilligung

(1) Die Bundesregierung kann durch Rechtsverordnung mit Zustimmung des Bundesrates zur Vermeidung erheblicher Schäden unter Berücksichtigung des Schutzes der Arbeitnehmer und der Sonn- und Feiertagsruhe

1.

die Bereiche mit Sonn- und Feiertagsbeschäftigung nach § 10 sowie die dort zugelassenen Arbeiten näher bestimmen,

2.

über die Ausnahmen nach § 10 hinaus weitere Ausnahmen abweichend von § 9

a)

für Betriebe, in denen die Beschäftigung von Arbeitnehmern an Sonn- oder Feiertagen zur Befriedigung täglicher oder an diesen Tagen besonders hervortretender Bedürfnisse der Bevölkerung erforderlich ist,

b)

für Betriebe, in denen Arbeiten vorkommen, deren Unterbrechung oder Aufschub

aa)

nach dem Stand der Technik ihrer Art nach nicht oder nur mit erheblichen Schwierigkeiten möglich ist,

bb)

besondere Gefahren für Leben oder Gesundheit der Arbeitnehmer zur Folge hätte,

cc)

zu erheblichen Belastungen der Umwelt oder der Energie- oder Wasserversorgung führen würde,

c)

aus Gründen des Gemeinwohls, insbesondere auch zur Sicherung der Beschäftigung,

zulassen und die zum Schutz der Arbeitnehmer und der Sonn- und Feiertagsruhe notwendigen Bedingungen bestimmen.

(2) Soweit die Bundesregierung von der Ermächtigung des Absatzes 1 Nr. 2 Buchstabe a keinen Gebrauch gemacht hat, können die Landesregierungen durch Rechtsverordnung entsprechende Bestimmungen erlassen. Die Landesregierungen können diese Ermächtigung durch Rechtsverordnung auf oberste Landesbehörden übertragen.

(3) Die Aufsichtsbehörde kann

1.
   feststellen, ob eine Beschäftigung nach § 10 zulässig ist,
2.
   abweichend von § 9 bewilligen, Arbeitnehmer zu beschäftigen
   a)
      im Handelsgewerbe an bis zu zehn Sonn- und Feiertagen im Jahr, an
      denen besondere Verhältnisse einen erweiterten Geschäftsverkehr
      erforderlich machen,
   b)
      an bis zu fünf Sonn- und Feiertagen im Jahr, wenn besondere
      Verhältnisse zur Verhütung eines unverhältnismäßigen Schadens dies
      erfordern,
   c)
      an einem Sonntag im Jahr zur Durchführung einer gesetzlich
      vorgeschriebenen Inventur,
und Anordnungen über die Beschäftigungszeit unter Berücksichtigung der für den
öffentlichen Gottesdienst bestimmten Zeit treffen.

(4) Die Aufsichtsbehörde soll abweichend von § 9 bewilligen, daß Arbeitnehmer an
Sonn- und Feiertagen mit Arbeiten beschäftigt werden, die aus chemischen,
biologischen, technischen oder physikalischen Gründen einen ununterbrochenen
Fortgang auch an Sonn- und Feiertagen erfordern.

(5) Die Aufsichtsbehörde hat abweichend von § 9 die Beschäftigung von
Arbeitnehmern an Sonn- und Feiertagen zu bewilligen, wenn bei einer
weitgehenden Ausnutzung der gesetzlich zulässigen wöchentlichen Betriebszeiten
und bei längeren Betriebszeiten im Ausland die Konkurrenzfähigkeit unzumutbar
beeinträchtigt ist und durch die Genehmigung von Sonn- und Feiertagsarbeit die
Beschäftigung gesichert werden kann.

Vierter Abschnitt
Ausnahmen in besonderen Fällen

-

§ 14 Außergewöhnliche Fälle

(1) Von den §§ 3 bis 5, 6 Abs. 2, §§ 7, 9 bis 11 darf abgewichen werden bei
vorübergehenden Arbeiten in Notfällen und in außergewöhnlichen Fällen, die
unabhängig vom Willen der Betroffenen eintreten und deren Folgen nicht auf
andere Weise zu beseitigen sind, besonders wenn Rohstoffe oder Lebensmittel zu
verderben oder Arbeitsergebnisse zu mißlingen drohen.

(2) Von den §§ 3 bis 5, 6 Abs. 2, §§ 7, 11 Abs. 1 bis 3 und § 12 darf ferner
abgewichen werden,

1.
   wenn eine verhältnismäßig geringe Zahl von Arbeitnehmern vorübergehend

13

mit Arbeiten beschäftigt wird, deren Nichterledigung das Ergebnis der Arbeiten gefährden oder einen unverhältnismäßigen Schaden zur Folge haben würden,

2.

bei Forschung und Lehre, bei unaufschiebbaren Vor- und Abschlußarbeiten sowie bei unaufschiebbaren Arbeiten zur Behandlung, Pflege und Betreuung von Personen oder zur Behandlung und Pflege von Tieren an einzelnen Tagen,

wenn dem Arbeitgeber andere Vorkehrungen nicht zugemutet werden können.

(3) Wird von den Befugnissen nach Absatz 1 oder 2 Gebrauch gemacht, darf die Arbeitszeit 48 Stunden wöchentlich im Durchschnitt von sechs Kalendermonaten oder 24 Wochen nicht überschreiten.

-

§ 15 Bewilligung, Ermächtigung

(1) Die Aufsichtsbehörde kann

1.

eine von den §§ 3, 6 Abs. 2 und § 11 Abs. 2 abweichende längere tägliche Arbeitszeit bewilligen

a)

für kontinuierliche Schichtbetriebe zur Erreichung zusätzlicher Freischichten,

b)

für Bau- und Montagestellen,

2.

eine von den §§ 3, 6 Abs. 2 und § 11 Abs. 2 abweichende längere tägliche Arbeitszeit für Saison- und Kampagnebetriebe für die Zeit der Saison oder Kampagne bewilligen, wenn die Verlängerung der Arbeitszeit über acht Stunden werktäglich durch eine entsprechende Verkürzung der Arbeitszeit zu anderen Zeiten ausgeglichen wird,

3.

eine von den §§ 5 und 11 Abs. 2 abweichende Dauer und Lage der Ruhezeit bei Arbeitsbereitschaft, Bereitschaftsdienst und Rufbereitschaft den Besonderheiten dieser Inanspruchnahmen im öffentlichen Dienst entsprechend bewilligen,

4.

eine von den §§ 5 und 11 Abs. 2 abweichende Ruhezeit zur Herbeiführung eines regelmäßigen wöchentlichen Schichtwechsels zweimal innerhalb eines Zeitraums von drei Wochen bewilligen.

(2) Die Aufsichtsbehörde kann über die in diesem Gesetz vorgesehenen Ausnahmen hinaus weitergehende Ausnahmen zulassen, soweit sie im öffentlichen Interesse dringend nötig werden.

(2a) Die Bundesregierung kann durch Rechtsverordnung mit Zustimmung des

14

Bundesrates

1.

Ausnahmen von den §§ 3, 4, 5 und 6 Absatz 2 sowie von den §§ 9 und 11 für Arbeitnehmer, die besondere Tätigkeiten zur Errichtung, zur Änderung oder zum Betrieb von Bauwerken, künstlichen Inseln oder sonstigen Anlagen auf See (Offshore-Tätigkeiten) durchführen, zulassen und

2.

die zum Schutz der in Nummer 1 genannten Arbeitnehmer sowie der Sonn- und Feiertagsruhe notwendigen Bedingungen bestimmen.

(3) Das Bundesministerium der Verteidigung kann in seinem Geschäftsbereich durch Rechtsverordnung mit Zustimmung des Bundesministeriums für Arbeit und Soziales aus zwingenden Gründen der Verteidigung Arbeitnehmer verpflichten, über die in diesem Gesetz und in den auf Grund dieses Gesetzes erlassenen Rechtsverordnungen und Tarifverträgen festgelegten Arbeitszeitgrenzen und -beschränkungen hinaus Arbeit zu leisten.

(3a) Das Bundesministerium der Verteidigung kann in seinem Geschäftsbereich durch Rechtsverordnung im Einvernehmen mit dem Bundesministerium für Arbeit und Soziales für besondere Tätigkeiten der Arbeitnehmer bei den Streitkräften Abweichungen von in diesem Gesetz sowie von in den auf Grund dieses Gesetzes erlassenen Rechtsverordnungen bestimmten Arbeitszeitgrenzen und -beschränkungen zulassen, soweit die Abweichungen aus zwingenden Gründen erforderlich sind und die größtmögliche Sicherheit und der bestmögliche Gesundheitsschutz der Arbeitnehmer gewährleistet werden.

(4) Werden Ausnahmen nach Absatz 1 oder 2 zugelassen, darf die Arbeitszeit 48 Stunden wöchentlich im Durchschnitt von sechs Kalendermonaten oder 24 Wochen nicht überschreiten.

<u>Fünfter Abschnitt</u>
<u>Durchführung des Gesetzes</u>

-

§ 16 Aushang und Arbeitszeitnachweise

(1) Der Arbeitgeber ist verpflichtet, einen Abdruck dieses Gesetzes, der auf Grund dieses Gesetzes erlassenen, für den Betrieb geltenden Rechtsverordnungen und der für den Betrieb geltenden Tarifverträge und Betriebs- oder Dienstvereinbarungen im Sinne des § 7 Abs. 1 bis 3, §§ 12 und 21a Abs. 6 an geeigneter Stelle im Betrieb zur Einsichtnahme auszulegen oder auszuhängen.

(2) Der Arbeitgeber ist verpflichtet, die über die werktägliche Arbeitszeit des § 3 Satz 1 hinausgehende Arbeitszeit der Arbeitnehmer aufzuzeichnen und ein Verzeichnis der Arbeitnehmer zu führen, die in eine Verlängerung der Arbeitszeit gemäß § 7 Abs. 7 eingewilligt haben. Die Nachweise sind mindestens zwei Jahre aufzubewahren.

-

§ 17 Aufsichtsbehörde

(1) Die Einhaltung dieses Gesetzes und der auf Grund dieses Gesetzes erlassenen Rechtsverordnungen wird von den nach Landesrecht zuständigen Behörden (Aufsichtsbehörden) überwacht.

(2) Die Aufsichtsbehörde kann die erforderlichen Maßnahmen anordnen, die der Arbeitgeber zur Erfüllung der sich aus diesem Gesetz und den auf Grund dieses Gesetzes erlassenen Rechtsverordnungen ergebenden Pflichten zu treffen hat.

(3) Für den öffentlichen Dienst des Bundes sowie für die bundesunmittelbaren Körperschaften, Anstalten und Stiftungen des öffentlichen Rechts werden die Aufgaben und Befugnisse der Aufsichtsbehörde vom zuständigen Bundesministerium oder den von ihm bestimmten Stellen wahrgenommen; das gleiche gilt für die Befugnisse nach § 15 Abs. 1 und 2.

(4) Die Aufsichtsbehörde kann vom Arbeitgeber die für die Durchführung dieses Gesetzes und der auf Grund dieses Gesetzes erlassenen Rechtsverordnungen erforderlichen Auskünfte verlangen. Sie kann ferner vom Arbeitgeber verlangen, die Arbeitszeitnachweise und Tarifverträge oder Betriebs- oder Dienstvereinbarungen im Sinne des § 7 Abs. 1 bis 3, §§ 12 und 21a Abs. 6 vorzulegen oder zur Einsicht einzusenden.

(5) Die Beauftragten der Aufsichtsbehörde sind berechtigt, die Arbeitsstätten während der Betriebs- und Arbeitszeit zu betreten und zu besichtigen; außerhalb dieser Zeit oder wenn sich die Arbeitsstätten in einer Wohnung befinden, dürfen sie ohne Einverständnis des Inhabers nur zur Verhütung von dringenden Gefahren für die öffentliche Sicherheit und Ordnung betreten und besichtigt werden. Der Arbeitgeber hat das Betreten und Besichtigen der Arbeitsstätten zu gestatten. Das Grundrecht der Unverletzlichkeit der Wohnung (Artikel 13 des Grundgesetzes) wird insoweit eingeschränkt.

(6) Der zur Auskunft Verpflichtete kann die Auskunft auf solche Fragen verweigern, deren Beantwortung ihn selbst oder einen der in § 383 Abs. 1 Nr. 1 bis 3 der Zivilprozeßordnung bezeichneten Angehörigen der Gefahr strafgerichtlicher Verfolgung oder eines Verfahrens nach dem Gesetz über Ordnungswidrigkeiten aussetzen würde.

Sechster Abschnitt
Sonderregelungen

-

§ 18 Nichtanwendung des Gesetzes

(1) Dieses Gesetz ist nicht anzuwenden auf

1.

leitende Angestellte im Sinne des § 5 Abs. 3 des Betriebsverfassungsgesetzes sowie Chefärzte,

2.

Leiter von öffentlichen Dienststellen und deren Vertreter sowie Arbeitnehmer im öffentlichen Dienst, die zu selbständigen Entscheidungen in Personalangelegenheiten befugt sind,

3.

Arbeitnehmer, die in häuslicher Gemeinschaft mit den ihnen anvertrauten Personen zusammenleben und sie eigenverantwortlich erziehen, pflegen oder betreuen,

4.

den liturgischen Bereich der Kirchen und der Religionsgemeinschaften.

(2) Für die Beschäftigung von Personen unter 18 Jahren gilt anstelle dieses Gesetzes das Jugendarbeitsschutzgesetz.

(3) Für die Beschäftigung von Arbeitnehmern als Besatzungsmitglieder auf Kauffahrteischiffen im Sinne des § 3 des Seearbeitsgesetzes gilt anstelle dieses Gesetzes das Seearbeitsgesetz.

(4) (weggefallen)

-

§ 19 Beschäftigung im öffentlichen Dienst

Bei der Wahrnehmung hoheitlicher Aufgaben im öffentlichen Dienst können, soweit keine tarifvertragliche Regelung besteht, durch die zuständige Dienstbehörde die für Beamte geltenden Bestimmungen über die Arbeitszeit auf die Arbeitnehmer übertragen werden; insoweit finden die §§ 3 bis 13 keine Anwendung.

-

§ 20 Beschäftigung in der Luftfahrt

Für die Beschäftigung von Arbeitnehmern als Besatzungsmitglieder von Luftfahrzeugen gelten anstelle der Vorschriften dieses Gesetzes über Arbeits- und Ruhezeiten die Vorschriften über Flug-, Flugdienst- und Ruhezeiten der Zweiten Durchführungsverordnung zur Betriebsordnung für Luftfahrtgerät in der jeweils geltenden Fassung.

-

§ 21 Beschäftigung in der Binnenschiffahrt

Die Vorschriften dieses Gesetzes gelten für die Beschäftigung von Fahrpersonal in der Binnenschiffahrt, soweit die Vorschriften über Ruhezeiten der Binnenschiffsuntersuchungsordnung in der jeweils geltenden Fassung dem nicht entgegenstehen. Sie können durch Tarifvertrag der Eigenart der Binnenschiffahrt angepaßt werden.

-

§ 21a Beschäftigung im Straßentransport

(1) Für die Beschäftigung von Arbeitnehmern als Fahrer oder Beifahrer bei Straßenverkehrstätigkeiten im Sinne der Verordnung (EG) Nr. 561/2006 des Europäischen Parlaments und des Rates vom 15. März 2006 zur Harmonisierung bestimmter Sozialvorschriften im Straßenverkehr und zur Änderung der Verordnungen (EWG) Nr. 3821/85 und (EG) Nr. 2135/98 des Rates sowie zur Aufhebung der Verordnung (EWG) Nr. 3820/85 des Rates (ABl. EG Nr. L 102 S. 1) oder des Europäischen Übereinkommens über die Arbeit des im internationalen Straßenverkehr beschäftigten Fahrpersonals (AETR) vom 1. Juli 1970 (BGBl. II 1974 S. 1473) in ihren jeweiligen Fassungen gelten die Vorschriften dieses Gesetzes, soweit nicht die folgenden Absätze abweichende Regelungen enthalten. Die Vorschriften der Verordnung (EG) Nr. 561/2006 und des AETR bleiben unberührt.

(2) Eine Woche im Sinne dieser Vorschriften ist der Zeitraum von Montag 0 Uhr bis Sonntag 24 Uhr.

(3) Abweichend von § 2 Abs. 1 ist keine Arbeitszeit:

1.

   die Zeit, während derer sich ein Arbeitnehmer am Arbeitsplatz bereithalten muss, um seine Tätigkeit aufzunehmen,

2.

   die Zeit, während derer sich ein Arbeitnehmer bereithalten muss, um seine Tätigkeit auf Anweisung aufnehmen zu können, ohne sich an seinem Arbeitsplatz aufhalten zu müssen;

3.

   für Arbeitnehmer, die sich beim Fahren abwechseln, die während der Fahrt neben dem Fahrer oder in einer Schlafkabine verbrachte Zeit.

Für die Zeiten nach Satz 1 Nr. 1 und 2 gilt dies nur, wenn der Zeitraum und dessen voraussichtliche Dauer im Voraus, spätestens unmittelbar vor Beginn des betreffenden Zeitraums bekannt ist. Die in Satz 1 genannten Zeiten sind keine Ruhezeiten. Die in Satz 1 Nr. 1 und 2 genannten Zeiten sind keine Ruhepausen.

(4) Die Arbeitszeit darf 48 Stunden wöchentlich nicht überschreiten. Sie kann auf bis zu 60 Stunden verlängert werden, wenn innerhalb von vier Kalendermonaten oder 16 Wochen im Durchschnitt 48 Stunden wöchentlich nicht überschritten werden.

(5) Die Ruhezeiten bestimmen sich nach den Vorschriften der Europäischen Gemeinschaften für Kraftfahrer und Beifahrer sowie nach dem AETR. Dies gilt auch für Auszubildende und Praktikanten.

(6) In einem Tarifvertrag oder auf Grund eines Tarifvertrags in einer Betriebs- oder Dienstvereinbarung kann zugelassen werden,

1.

   nähere Einzelheiten zu den in Absatz 3 Satz 1 Nr. 1, 2 und Satz 2 genannten Voraussetzungen zu regeln,

2.

   abweichend von Absatz 4 sowie den §§ 3 und 6 Abs. 2 die Arbeitszeit festzulegen, wenn objektive, technische oder arbeitszeitorganisatorische Gründe vorliegen. Dabei darf die Arbeitszeit 48 Stunden wöchentlich im Durchschnitt von sechs Kalendermonaten nicht überschreiten. § 7 Abs. 1 Nr. 2 und Abs. 2a gilt nicht. § 7 Abs. 3 gilt entsprechend.

(7) Der Arbeitgeber ist verpflichtet, die Arbeitszeit der Arbeitnehmer aufzuzeichnen. Die Aufzeichnungen sind mindestens zwei Jahre aufzubewahren. Der Arbeitgeber hat dem Arbeitnehmer auf Verlangen eine Kopie der Aufzeichnungen seiner Arbeitszeit auszuhändigen.

(8) Zur Berechnung der Arbeitszeit fordert der Arbeitgeber den Arbeitnehmer schriftlich auf, ihm eine Aufstellung der bei einem anderen Arbeitgeber geleisteten Arbeitszeit vorzulegen. Der Arbeitnehmer legt diese Angaben schriftlich vor.

<u>Siebter Abschnitt</u>
<u>Straf- und Bußgeldvorschriften</u>

-

§ 22 Bußgeldvorschriften

(1) Ordnungswidrig handelt, wer als Arbeitgeber vorsätzlich oder fahrlässig

1.

entgegen §§ 3, 6 Abs. 2 oder § 21a Abs. 4, jeweils auch in Verbindung mit § 11 Abs. 2, einen Arbeitnehmer über die Grenzen der Arbeitszeit hinaus beschäftigt,

2.

entgegen § 4 Ruhepausen nicht, nicht mit der vorgeschriebenen Mindestdauer oder nicht rechtzeitig gewährt,

3.

entgegen § 5 Abs. 1 die Mindestruhezeit nicht gewährt oder entgegen § 5 Abs. 2 die Verkürzung der Ruhezeit durch Verlängerung einer anderen Ruhezeit nicht oder nicht rechtzeitig ausgleicht,

4.

einer Rechtsverordnung nach § 8 Satz 1, § 13 Abs. 1 oder 2, § 15 Absatz 2a Nummer 2 oder § 24 zuwiderhandelt, soweit sie für einen bestimmten Tatbestand auf diese Bußgeldvorschrift verweist,

5.

entgegen § 9 Abs. 1 einen Arbeitnehmer an Sonn- oder Feiertagen beschäftigt,

6.

entgegen § 11 Abs. 1 einen Arbeitnehmer an allen Sonntagen beschäftigt oder entgegen § 11 Abs. 3 einen Ersatzruhetag nicht oder nicht rechtzeitig gewährt,

7.

einer vollziehbaren Anordnung nach § 13 Abs. 3 Nr. 2 zuwiderhandelt,

8.

19

entgegen § 16 Abs. 1 die dort bezeichnete Auslage oder den dort bezeichneten Aushang nicht vornimmt,

9.

entgegen § 16 Abs. 2 oder § 21a Abs. 7 Aufzeichnungen nicht oder nicht richtig erstellt oder nicht für die vorgeschriebene Dauer aufbewahrt oder

10.

entgegen § 17 Abs. 4 eine Auskunft nicht, nicht richtig oder nicht vollständig erteilt, Unterlagen nicht oder nicht vollständig vorlegt oder nicht einsendet oder entgegen § 17 Abs. 5 Satz 2 eine Maßnahme nicht gestattet.

(2) Die Ordnungswidrigkeit kann in den Fällen des Absatzes 1 Nr. 1 bis 7, 9 und 10 mit einer Geldbuße bis zu fünfzehntausend Euro, in den Fällen des Absatzes 1 Nr. 8 mit einer Geldbuße bis zu zweitausendfünfhundert Euro geahndet werden.

-

§ 23 Strafvorschriften

(1) Wer eine der in § 22 Abs. 1 Nr. 1 bis 3, 5 bis 7 bezeichneten Handlungen

1.

vorsätzlich begeht und dadurch Gesundheit oder Arbeitskraft eines Arbeitnehmers gefährdet oder

2.

beharrlich wiederholt,

wird mit Freiheitsstrafe bis zu einem Jahr oder mit Geldstrafe bestraft.

(2) Wer in den Fällen des Absatzes 1 Nr. 1 die Gefahr fahrlässig verursacht, wird mit Freiheitsstrafe bis zu sechs Monaten oder mit Geldstrafe bis zu 180 Tagessätzen bestraft.

Achter Abschnitt
Schlußvorschriften

-

§ 24 Umsetzung von zwischenstaatlichen Vereinbarungen und Rechtsakten der EG

Die Bundesregierung kann mit Zustimmung des Bundesrates zur Erfüllung von Verpflichtungen aus zwischenstaatlichen Vereinbarungen oder zur Umsetzung von Rechtsakten des Rates oder der Kommission der Europäischen Gemeinschaften, die Sachbereiche dieses Gesetzes betreffen, Rechtsverordnungen nach diesem Gesetz erlassen.

-

§ 25 Übergangsregelung für Tarifverträge

Enthält ein am 1. Januar 2004 bestehender oder nachwirkender Tarifvertrag abweichende Regelungen nach § 7 Abs. 1 oder 2 oder § 12 Satz 1, die den in diesen Vorschriften festgelegten Höchstrahmen überschreiten, bleiben diese tarifvertraglichen Bestimmungen bis zum 31. Dezember 2006 unberührt. Tarifverträgen nach Satz 1 stehen durch Tarifvertrag zugelassene Betriebsvereinbarungen sowie Regelungen nach § 7 Abs. 4 gleich.

-

§ 26

(weggefallen)

Verordnung zur Durchführung des Fahrpersonalgesetzes (Fahrpersonalverordnung - FPersV)

-

FPersV

Ausfertigungsdatum: 27.06.2005

"Fahrpersonalverordnung vom 27. Juni 2005 (BGBl. I S. 1882), die zuletzt durch Artikel 475 der Verordnung vom 31. August 2015 (BGBl. I S. 1474) geändert worden ist"

Zuletzt geändert durch Art. 475 V v. 31.8.2015 I 1474

Fußnote

(+++ Textnachweis ab: 2. 7.2005 +++)

Die V wurde als Artikel 1 der V v. 27.6.2005 I 1882 vom Bundesministerium für Verkehr, Bau- und Wohnungswesen im Einvernehmen mit dem Bundesministerium für Wirtschaft und Arbeit mit Zustimmung des Bundesrates erlassen. Sie ist gem. Art. 5 Satz 1 dieser V am 2.7.2005 in Kraft getreten.

Abschnitt 1
Lenk- und Ruhezeiten im nationalen Bereich

§ 1 Lenk- und Ruhezeiten im Straßenverkehr

(1) Fahrer

1.

von Fahrzeugen, die zur Güterbeförderung dienen und deren zulässige Höchstmasse einschließlich Anhänger oder Sattelanhänger mehr als 2,8 Tonnen und nicht mehr als 3,5 Tonnen beträgt, sowie

2.

von Fahrzeugen, die zur Personenbeförderung dienen, nach ihrer Bauart und Ausstattung geeignet und dazu bestimmt sind, mehr als neun Personen einschließlich Fahrer zu befördern, und im Linienverkehr mit einer Linienlänge bis zu 50 Kilometern eingesetzt sind,

haben Lenkzeiten, Fahrtunterbrechungen und Ruhezeiten nach Maßgabe der Artikel 4, 6 bis 9 und 12 der Verordnung (EG) Nr. 561/2006 des Europäischen Parlaments und des Rates vom 15. März 2006 zur Harmonisierung bestimmter Sozialvorschriften im Straßenverkehr und zur Änderung der Verordnungen (EWG) Nr. 3821/85 und (EG) Nr. 2135/98 des Rates sowie zur Aufhebung der Verordnung (EWG) Nr. 3820/85 des Rates (ABl. EU Nr. L 102 S. 1) einzuhalten.

(2) Absatz 1 findet keine Anwendung auf

1.

Fahrzeuge, die in § 18 genannt sind,

2.

Fahrzeuge, die in Artikel 3 Buchstabe b bis i der Verordnung (EG) Nr. 561/2006 genannt sind,

3.

Fahrzeuge, die zur Beförderung von Material, Ausrüstungen oder Maschinen, die der Fahrer zur Ausübung seiner beruflichen Tätigkeit benötigt, verwendet werden, soweit das Lenken des Fahrzeugs nicht die Haupttätigkeit des Fahrers darstellt,

3a.

Fahrzeuge, die zur Beförderung von Gütern, die im Betrieb, dem der Fahrer angehört, in handwerklicher Fertigung oder Kleinserie hergestellt wurden oder deren Reparatur im Betrieb vorgesehen ist oder durchgeführt wurde, verwendet werden, soweit das Lenken des Fahrzeugs nicht die Haupttätigkeit des Fahrers darstellt,

4.

Fahrzeuge, die als Verkaufswagen auf öffentlichen Märkten oder für den ambulanten Verkauf verwendet werden und für diese Zwecke besonders ausgestattet sind, soweit das Lenken des Fahrzeugs nicht die Haupttätigkeit

5. des Fahrers darstellt, und

selbstfahrende Arbeitsmaschinen nach § 2 Nr. 17 der Fahrzeug-
Zulassungsverordnung.

(3) Abweichend von Absatz 1 in Verbindung mit Artikel 7 der Verordnung (EG) Nr. 561/2006 haben Fahrer von Kraftomnibussen im Linienverkehr mit einer Linienlänge bis zu 50 Kilometern Fahrtunterbrechungen nach Maßgabe der folgenden Vorschriften einzuhalten:

1. Beträgt der durchschnittliche Haltestellenabstand mehr als drei Kilometer, so ist nach einer Lenkzeit von viereinhalb Stunden eine Fahrtunterbrechung von mindestens 30 zusammenhängenden Minuten einzulegen. Diese Fahrtunterbrechung kann durch zwei Teilunterbrechungen von jeweils mindestens 20 zusammenhängenden Minuten oder drei Teilunterbrechungen von jeweils mindestens 15 Minuten ersetzt werden. Die Teilunterbrechungen müssen innerhalb der Lenkzeit von höchstens viereinhalb Stunden oder teils innerhalb dieser Zeit und teils unmittelbar danach liegen.

2. Beträgt der durchschnittliche Haltestellenabstand nicht mehr als drei Kilometer, sind als Fahrtunterbrechungen auch Arbeitsunterbrechungen ausreichend, soweit diese nach den Dienst- und Fahrplänen in der Arbeitsschicht enthalten sind (z. B. Wendezeiten). Voraussetzung hierfür ist, dass die Gesamtdauer der Arbeitsunterbrechungen mindestens ein Sechstel der vorgesehenen Lenkzeit beträgt. Nach einer ununterbrochenen Lenkzeit von viereinhalb Stunden ist eine Fahrtunterbrechung von mindestens 45 Minuten erforderlich. Arbeitsunterbrechungen unter zehn Minuten werden bei der Berechnung der Gesamtdauer nicht berücksichtigt. Durch Tarifvertrag kann vereinbart werden, dass Arbeitsunterbrechungen von mindestens acht Minuten berücksichtigt werden können, wenn ein Ausgleich vorgesehen ist, der die ausreichende Erholung des Fahrers erwarten lässt. Für Fahrer, die nicht in einem Arbeitsverhältnis stehen, kann die nach Landesrecht zuständige Behörde entsprechende Abweichungen bewilligen.

(4) Abweichend von Absatz 1 in Verbindung mit Artikel 8 Abs. 6 der Verordnung (EG) Nr. 561/2006 sind Fahrer der in Absatz 1 Nr. 2 genannten Fahrzeuge nicht zur Einlegung einer wöchentlichen Ruhezeit nach höchstens sechs 24-Stunden-Zeiträumen verpflichtet. Sie können die wöchentlich einzuhaltenden Ruhezeiten auf einen Zweiwochenzeitraum verteilen.

(5) Der Unternehmer hat dafür zu sorgen, dass die Vorschriften über die Lenkzeiten, die Fahrtunterbrechungen und die Ruhezeiten gemäß den Artikeln 4, 6 bis 9 und 12 der Verordnung (EG) Nr. 561/2006 eingehalten werden. Artikel 10 Abs. 2 der Verordnung (EG) Nr. 561/2006 findet entsprechende Anwendung.

(6) Der Fahrer eines in Absatz 1 Nr. 1 genannten Fahrzeugs hat, sofern dieses Fahrzeug nicht nach Absatz 2 ausgenommen ist, folgende Zeiten aufzuzeichnen:

1.

Lenkzeiten,

2.

alle sonstigen Arbeitszeiten,

3.

Fahrtunterbrechungen und

4.

tägliche und wöchentliche Ruhezeiten.

Die Aufzeichnungen sind für jeden Tag getrennt zu fertigen und müssen folgende Angaben enthalten:

1.

Vor- und Familienname,

2.

Datum,

3.

amtliche Kennzeichen der benutzten Fahrzeuge,

4.

Ort des Fahrtbeginns,

5.

Ort des Fahrtendes und

6.

Kilometerstände der benutzten Fahrzeuge bei Fahrtbeginn und Fahrtende. Der Fahrer hat alle Eintragungen jeweils unverzüglich zu Beginn und am Ende der Lenkzeiten, Fahrtunterbrechungen und Ruhezeiten vorzunehmen. Die Aufzeichnungen des laufenden Tages und der vorausgegangenen 28 Kalendertage sind vom Fahrer mitzuführen und den zuständigen Personen auf Verlangen zur Prüfung auszuhändigen. Hat der Fahrer während des in Satz 4 genannten Zeitraums ein Fahrzeug gelenkt, für das

1.

die Verordnung (EWG) Nr. 3821/85 des Rates vom 20. Dezember 1985 über das Kontrollgerät im Straßenverkehr (ABl. EG Nr. L 370 S. 8) in der jeweils geltenden Fassung oder

2.

das Europäische Übereinkommen vom 1. Juli 1970 über die Arbeit des im internationalen Straßenverkehr beschäftigten Fahrpersonals (AETR) (BGBl. 1974 II S. 1473) in der jeweils geltenden Fassung gilt,

sind für dieses Fahrzeug Nachweise nach Maßgabe von Artikel 15 Absatz 7 der Verordnung (EWG) Nr. 3821/85 und Artikel 34 Absatz 1 Satz 1 der Verordnung (EU) Nr. 165/2014 des Europäischen Parlaments und des Rates vom 4. Februar 2014 über Fahrtenschreiber im Straßenverkehr, zur Aufhebung der Verordnung (EWG) Nr. 3821/85 des Rates über das Kontrollgerät im Straßenverkehr und zur Änderung der Verordnung (EG) Nr. 561/2006 des Europäischen Parlaments und des Rates zur Harmonisierung bestimmter Sozialvorschriften im Straßenverkehr (ABl. L 60 vom 28.2.2014, S. 1) oder Artikel 12 des Anhangs zum AETR an Stelle der Aufzeichnungen mitzuführen. Der Fahrer hat dem Unternehmer alle

Aufzeichnungen unverzüglich nach Ablauf der Mitführungspflicht auszuhändigen. Der Unternehmer hat

1.

dem Fahrer entsprechend dem Muster der Anlage 1 geeignete Vordrucke zur Fertigung der Aufzeichnungen in ausreichender Anzahl auszuhändigen,

2.

die Aufzeichnungen unverzüglich nach Aushändigung durch den Fahrer zu prüfen und unverzüglich Maßnahmen zu ergreifen, die notwendig sind, um die Beachtung der Sätze 1 bis 5 zu gewährleisten,

3.

die Aufzeichnungen ein Jahr lang nach Aushändigung durch den Fahrer in chronologischer Reihenfolge und in lesbarer Form außerhalb des Fahrzeugs aufzubewahren und den zuständigen Personen auf Verlangen vorzulegen und

4.

die Aufzeichnungen nach Ablauf der Aufbewahrungsfrist bis zum 31. März des folgenden Kalenderjahres zu vernichten, soweit sie nicht zur Erfüllung der Aufbewahrungspflichten nach § 16 Abs. 2 und § 21a Abs. 7 des Arbeitszeitgesetzes, § 147 Abs. 1 Nr. 5 in Verbindung mit Abs. 3 der Abgabenordnung und § 28f Abs. 1 Satz 1 des Vierten Buches Sozialgesetzbuch benötigt werden.

(7) Ist das Fahrzeug mit einem Kontrollgerät nach Anhang I oder I B zur Verordnung (EWG) Nr. 3821/85 oder einem Fahrtschreiber gemäß § 57a der Straßenverkehrs-Zulassungs-Ordnung ausgerüstet, haben Fahrer der in Absatz 1 Nr. 1 genannten Fahrzeuge diese entsprechend den Artikeln 13, 14 Abs. 1 Unterabs. 2, Abs. 4 Buchstabe a Unterabs. 3 Satz 2 und 3, Artikel 15 Absatz 1 Unterabsatz 3 und 5 und Absatz 7 und Artikel 16 Absatz 2 Unterabsatz 1 und Absatz 3 der Verordnung (EWG) Nr. 3821/85 und Artikel 34 Absatz 1, 2, 3 Unterabsatz 1, Absatz 4 bis 6 und Absatz 7 Unterabsatz 1 der Verordnung (EU) Nr. 165/2014 oder § 57a Abs. 2 der Straßenverkehrs-Zulassungs-Ordnung zu betreiben. Im Falle der Verwendung eines Fahrtschreibers gemäß § 57a der Straßenverkehrs-Zulassungs-Ordnung hat der Fahrer die Schicht und die Pausen jeweils bei Beginn und Ende auf dem Schaublatt zu vermerken. Der Unternehmer hat bei Verwendung eines Kontrollgerätes nach Anhang I der Verordnung (EWG) Nr. 3821/85 oder eines Fahrtschreibers dem Fahrer vor Beginn der Fahrt die für das Gerät zugelassenen Schaublätter in ausreichender Anzahl auszuhändigen und dafür zu sorgen, dass das Kontrollgerät nach Anhang I oder I B zur Verordnung (EWG) Nr. 3821/85 oder der Fahrtschreiber ordnungsgemäß benutzt wird; Absatz 6 Satz 4 bis 6 und 7 Nr. 2 bis 4 gilt entsprechend. Hat der Fahrer eines mit einem Kontrollgerät nach Anhang I B zur Verordnung (EWG) Nr. 3821/85 ausgerüsteten Fahrzeugs in dem in Absatz 6 Satz 4 genannten Zeitraum ein Fahrzeug gelenkt, das mit einem Kontrollgerät nach Anhang I zur Verordnung (EWG) Nr. 3821/85 ausgerüstet ist, hat er die Schaublätter dieses Kontrollgerätes während der Fahrt ebenfalls mitzuführen und den zuständigen Personen auf Verlangen zur Prüfung auszuhändigen.

(8) Der Unternehmer, der Fahrer mit Fahrzeugen nach Absatz 1 Nummer 2 einsetzt, hat zum Nachweis der in Absatz 1 genannten Zeiten vor Fahrtantritt Fahrpläne und Arbeitszeitpläne nach Maßgabe des Artikels 16 Absatz 2 Satz 1 und Absatz 3 Buchstabe a und b der Verordnung (EG) Nr. 561/2006 aufzustellen und ein Jahr nach Ablauf des Gültigkeitszeitraums aufzubewahren. Fahrer von Fahrzeugen nach Absatz 1 Nummer 2 haben einen Auszug aus dem Arbeitszeitplan und eine Ausfertigung des Fahrplans, der die gerade durchgeführte Fahrt betrifft, mitzuführen.

(9) Absatz 8 gilt nicht, wenn das Fahrzeug mit einem Fahrtschreiber nach § 57a Absatz 1 der Straßenverkehrs-Zulassungs-Ordnung in der bis zum 31. Dezember 2012 geltenden Fassung ausgerüstet ist. In diesem Fall findet § 57a Absatz 2 und § 57b der Straßenverkehrs-Zulassungs-Ordnung Anwendung.

(10) Absatz 8 gilt nicht, wenn das Fahrzeug mit einem Kontrollgerät im Sinne des Anhangs I oder des Anhangs I B der Verordnung (EWG) Nr. 3821/85 oder der Verordnung (EU) Nr. 165/2014 ausgerüstet ist. In diesem Fall findet § 57a Absatz 3 der Straßenverkehrs-Zulassungs-Ordnung Anwendung.

-

§ 2 Kontrollgerät nach Anhang I B zur Verordnung (EWG) Nr. 3821/85

(1) Ein Fahrer, der ein Fahrzeug lenkt, das in den Anwendungsbereich der Verordnung (EG) Nr. 561/2006 fällt, oder der Lenk- oder Ruhezeiten nach § 1 dieser Verordnung einzuhalten hat und dabei ein Kontrollgerät gemäß Anhang I B zur Verordnung (EWG) Nr. 3821/85 betreibt, hat das Kontrollgerät entsprechend den Artikeln 13, 14 Abs. 1 Unterabs. 2, Abs. 4 Buchstabe a Unterabs. 3 Satz 2 und 3, Artikel 15 Absatz 1 Unterabsatz 3 und 5 und Absatz 7 und Artikel 16 Absatz 2 Unterabsatz 1 und Absatz 3 der Verordnung (EWG) Nr. 3821/85 und Artikel 34 Absatz 1, 2 und 3 Unterabsatz 1 und Absatz 4 bis 7 der Verordnung (EU) Nr. 165/2014 zu bedienen und die Benutzerführung zu beachten.

(2) Die in Artikel 34 Absatz 5 Buchstabe b Ziffer ii bis iv der Verordnung (EU) Nr. 165/2014 genannten Zeiträume müssen bei Übernahme des Fahrzeugs auf der Fahrerkarte unter Benutzung der im Kontrollgerät vorgesehenen manuellen Eingabemöglichkeiten eingetragen werden, wenn der Fahrer vor Übernahme des Fahrzeugs solche Zeiten verbracht hat.

(3) Die nach Artikel 15 Abs. 1 Unterabs. 5 der Verordnung (EWG) Nr. 3821/85 vorgeschriebenen Ausdrucke hat der Fahrer den zuständigen Personen auf Verlangen vorzulegen. Der Unternehmer hat die Ausdrucke in chronologischer Reihenfolge und in lesbarer Form außerhalb des Fahrzeugs aufzubewahren und den zuständigen Personen auf Verlangen vorzulegen.

(4) Bei Einsatz von Mietfahrzeugen, deren Verwendung in den Anwendungsbereich der Verordnung (EG) Nr. 561/2006 oder dieser Verordnung fällt, hat der Unternehmer, der das Fahrzeug anmietet, zu Beginn und am Ende des Mietzeitraums durch Verwendung der Unternehmenskarte sicherzustellen, dass die Daten des Fahrzeugspeichers über die mit den Fahrzeugen durchgeführten Fahrten übertragen und bei ihm gespeichert werden. Ist dies in begründeten

Ausnahmefällen nicht möglich, ist zu Beginn und am Ende des Mietzeitraums ein Ausdruck wie bei Beschädigung oder Fehlfunktion der Fahrerkarte zu fertigen. Der Fahrer hat den Ausdruck unverzüglich nach Erhalt an den Unternehmer weiterzuleiten, der ihn ein Jahr aufzubewahren hat. Nach Ablauf der Aufbewahrungsfrist sind die Ausdrucke bis zum 31. März des folgenden Kalenderjahres zu vernichten, soweit sie nicht zur Erfüllung der Aufbewahrungspflichten nach § 16 Abs. 2 und § 21a Abs. 7 des Arbeitszeitgesetzes, § 147 Abs. 1 Nr. 5 in Verbindung mit Abs. 3 der Abgabenordnung und § 28f Abs. 1 Satz 1 des Vierten Buches Sozialgesetzbuch benötigt werden.

(5) Der Unternehmer hat sicherzustellen, dass alle Daten aus dem Massenspeicher des Kontrollgerätes spätestens 90 Tage nach Aufzeichnung eines Ereignisses zur Speicherung im Betrieb kopiert werden. Der Unternehmer hat sicherzustellen, dass die Daten der Fahrerkarten spätestens 28 Kalendertage nach Aufzeichnung eines Ereignisses zur Speicherung im Betrieb kopiert werden. Der Fahrer hat hierzu dem Unternehmen die Fahrerkarte und die Ausdrucke nach Absatz 3 zur Verfügung zu stellen. Der Unternehmer hat alle sowohl von den Kontrollgeräten als auch von den Fahrerkarten kopierten Daten der zuständigen Behörde oder Stelle auf Verlangen entweder unmittelbar oder durch Datenfernübertragung oder auf einem durch die Behörde oder Stelle zu bestimmenden Datenträger zur Verfügung zu stellen. Der Unternehmer hat von allen kopierten Daten unverzüglich Sicherheitskopien zu erstellen, die auf einem gesonderten Datenträger zu speichern sind.

(6) Unternehmen, die Fahrzeuge vermieten, haben dem Mieter des Fahrzeugs diejenigen Daten aus dem Massenspeicher des Kontrollgerätes, die sich auf die vom Mieter durchgeführten Beförderungen beziehen und auf die dieser nicht unmittelbar zugreifen kann,

1.
    auf dessen Verlangen,

2.
    spätestens 90 Tage nach Beginn des Mietverhältnisses oder der letzten Datenübermittlung und

3.
    nach Beendigung des Mietverhältnisses
zur Verfügung zu stellen. Dabei sind dem jeweiligen Stand der Technik entsprechende Maßnahmen zur Sicherstellung von Datenschutz und Datensicherheit zu treffen, die insbesondere die Vertraulichkeit, Unversehrtheit und Zurechenbarkeit der Daten gewährleisten; im Falle der Nutzung allgemein zugänglicher Netze sind dem jeweiligen Stand der Technik entsprechende Verschlüsselungsverfahren anzuwenden.

-

§ 2a Aufbewahrung von Kontrollunterlagen

Der Unternehmer bewahrt die ihm oder seinen Fahrern von den zuständigen Personen überlassenen Niederschriften, Ergebnisprotokolle und andere Unterlagen über bei ihm auf dem Gelände vorgenommene beziehungsweise bei seinen Fahrern auf der Straße vorgenommene Kontrollen ein Jahr lang auf. Die Unterlagen sind den zuständigen Personen auf Verlangen vorzulegen. Nach Ablauf der Aufbewahrungspflicht sind die Unterlagen bis zum 31. März des folgenden Kalenderjahres zu vernichten.

Abschnitt 2
Organisation

-

§ 3 Zertifizierungsinfrastruktur

Die Aufgaben der für die Umsetzung des Zertifizierungsverfahrens nach der Verordnung (EWG) Nr. 3821/85 verantwortlichen Stellen ergeben sich aus der Anlage 2. Das Bundesministerium für Verkehr und digitale Infrastruktur nimmt die Aufgaben der Aufsichtsbehörde des Mitgliedstaates (D-Member State Authority - D-MSA) wahr. Deutsche Zertifizierungsstelle (D-Certification Authority - D-CA) ist das Kraftfahrt-Bundesamt. Die für die Kontrollgerätkartenausgabe zuständigen Behörden oder Stellen (D-Card Issueing Authorities - D-CIA's) werden von den Ländern bestimmt.

Abschnitt 3
Kontrollsystem nach EG-Verordnungen

-

§ 4 Allgemeines

(1) Die zum Betrieb des Kontrollgerätes nach Anhang I B zur Verordnung (EWG) Nr. 3821/85 erforderlichen Kontrollgerätkarten (Fahrer-, Werkstatt-, Unternehmens- und Kontrollkarten) werden nach den Mustern gemäß Anhang I B Abschnitt IV zur Verordnung (EWG) Nr. 3821/85 in Verbindung mit Anlage 3 zu dieser Verordnung gefertigt. Fahrer-, Werkstatt- und Unternehmenskarten werden auf Antrag erteilt. Antragsberechtigt sind:

1.

    für die Fahrerkarte

    a)

        inländische Inhaber einer gültigen Fahrerlaubnis nach Muster 1 der Anlage 8 der Fahrerlaubnis-Verordnung,

    b)

        im Übrigen Inhaber einer Fahrerlaubnis eines Mitgliedstaates der

Europäischen Union oder eines anderen Vertragsstaats des Abkommens über den Europäischen Wirtschaftsraum, die dazu berechtigt, Fahrzeuge zu führen, für die Lenk- und Ruhezeiten nach der Verordnung (EG) Nr. 561/2006 beziehungsweise § 1 dieser Verordnung zu beachten sind,

2.

für die Werkstattkarte die nach § 57b der Straßenverkehrs-Zulassungs-Ordnung anerkannten oder beauftragten Werkstätten, Hersteller von Kontrollgeräten sowie Fahrzeughersteller,

3.

für die Unternehmenskarte Unternehmen, deren Fahrpersonal Beförderungen durchführt, die unter die Verordnung (EG) Nr. 561/2006 fallen, oder das Lenk- und Ruhezeiten nach § 1 dieser Verordnung einzuhalten hat.

Erfolgt der Antrag auf unpersönlichem Weg, ist eine Kopie der nach den §§ 5, 7 oder § 9 jeweils erforderlichen Unterlagen beizufügen. Im Rahmen des Antragsverfahrens hat für Kontrollgerätkarten nach Nummer 1 eine Überprüfung der Identität des Antragstellers sowie der Übereinstimmung der vorgelegten Kopien mit den Originalen stattzufinden.

(2) Die Kontrollgerätkarten werden von den nach Landesrecht zuständigen Behörden oder Stellen ausgegeben.

(3) Der Antrag auf Erneuerung der Fahrer- und Unternehmenskarte darf frühestens sechs Monate, der auf Erneuerung der Werkstattkarte frühestens einen Monat vor Ablauf der Gültigkeit der Karte gestellt werden. Den Anträgen sind die nach den §§ 5, 7 oder § 9 jeweils erforderlichen Unterlagen beizufügen. Inhaber einer Werkstattkarte haben spätestens nach drei Jahren eine aktuelle Bescheinigung über die Anerkennung oder Beauftragung der Werkstatt nach § 57b der Straßenverkehrs-Zulassungs-Ordnung und einen Nachweis über eine erneute Schulung im Sinne des § 7 Abs. 2 Nr. 5 vorzulegen. Die in Satz 3 genannten Fristen beginnen mit dem Datum des letzten Nachweises. Die in Artikel 14 Abs. 4a Unterabs. 5 und 6, Artikel 12 Abs. 1 Unterabs. 3 der Verordnung (EWG) Nr. 3821/85 genannten Fristen beginnen erst mit der vollständigen Vorlage aller nach den §§ 5, 7 oder § 9 erforderlichen Antragsunterlagen und Angaben.

(4) Wird eine Kontrollgerätkarte wegen Beschädigung, Fehlfunktion, Verlust oder Diebstahl einer vorhandenen Karte beantragt, hat der Antragsteller der ausstellenden Behörde oder Stelle vorzulegen:

1.

bei Verlust eine schriftliche Erklärung über den Verlust,

2.

bei Diebstahl den Nachweis einer Anzeige,

3.

bei Beschädigung oder Fehlfunktion die zu erneuernde Karte.

Dem Antrag sind die nach den §§ 5, 7 oder § 9 jeweils erforderlichen Unterlagen beizufügen. Der Inhaber der Kontrollgerätkarte hat auf Verlangen der Behörde oder Stelle, welche die Ersatzkarte ausstellt, eine Versicherung an Eides statt abzugeben, dass und aus welchen Gründen er die Kontrollgerätkarte nicht zurückgeben kann. Mit Ausstellung der Ersatzkarte verliert die ersetzte Karte ihre Gültigkeit. Eine wiederaufgefundene Karte ist der ausstellenden Behörde oder Stelle zurückzugeben. Beträgt die Restlaufzeit der zu ersetzenden Karte weniger als sechs Monate, ist die Karte zu erneuern. Absatz 3 Satz 5 gilt mit der Maßgabe, dass die Fristen erst beginnen, wenn alle erforderlichen Antragsunterlagen und Angaben vorliegen und die ausstellende Behörde oder Stelle Kenntnis von der Kartennummer erhält.

(5) Bei Verlust einer Kontrollgerätkarte unterrichtet der Karteninhaber unverzüglich die Behörde oder Stelle, welche die Karte erteilt hat. Die Behörde oder Stelle meldet den Verlust dem Kontrollgerätkartenregister beim Kraftfahrt-Bundesamt.

-

§ 5 Fahrerkarte

(1) Der Antragsteller hat Angaben zu seiner Muttersprache zu machen und folgende Unterlagen vorzulegen:

1.

   a)

      als inländischer Antragsteller eine Fahrerlaubnis nach Muster 1 der Anlage 8 der Fahrerlaubnis-Verordnung,

   b)

      im Übrigen eine Fahrerlaubnis eines Mitgliedstaates der Europäischen Union oder eines anderen Vertragsstaats des Abkommens über den Europäischen Wirtschaftsraum, die dazu berechtigt, Fahrzeuge zu führen, für die Lenk- und Ruhezeiten nach der Verordnung (EG) Nr. 561/2006 beziehungsweise § 1 dieser Verordnung zu beachten sind,

2.

   einen Nachweis über den Wohnsitz im Inland und Anschrift,

3.

   Nachweise über Geburts- und Familiennamen, Vornamen, Tag und Ort der Geburt sowie

4.

   ein Lichtbild vor hellem Hintergrund in der Größe 35 mm x 45 mm, das den Antragsteller ohne Kopfbedeckung im Halbprofil zeigt.

(2) Die zuständige Behörde oder Stelle prüft die Richtigkeit und Vollständigkeit der vom Bewerber mitgeteilten Daten.

(3) Jeder Fahrer erhält nur eine Fahrerkarte. Vor der Ausstellung einer Fahrerkarte erfolgen durch die zuständige Behörde oder Stelle Anfragen bei dem zentralen Fahrerlaubnisregister, dem zentralen Kontrollgerätkartenregister und den Fahrerkartenregistern der anderen Mitgliedstaaten der Europäischen Union und der Vertragsstaaten des Abkommens über den Europäischen Wirtschaftsraum, ob das vorgelegte Führerscheindokument gültig ist und ob dem Antragsteller bereits anderweitig eine Fahrerkarte ausgestellt wurde. Zu diesem Zweck dürfen die nach § 49 Abs. 1 Nr. 1 bis 3, 5 bis 11 und 15 der Fahrerlaubnis-Verordnung vom 18.

August 1998 (BGBl. I S. 2214) in der jeweils geltenden Fassung im Fahrerlaubnisregister gespeicherten Daten im automatisierten Verfahren abgerufen werden.

(4) Die Fahrerkarte darf keinem Dritten zur Nutzung überlassen werden. Der Fahrer hat die Fahrerkarte während der Fahrt mitzuführen und den zuständigen Personen auf Verlangen zur Prüfung auszuhändigen.

(5) Die Gültigkeitsdauer der Fahrerkarte beträgt bei der Erstausstellung und Erneuerung fünf Jahre. Sie beginnt mit dem Datum der Personalisierung. Bei der Erneuerung auf Grund von Beschädigung oder Fehlfunktion beginnt sie mit dem Datum der Personalisierung. Bei der Erneuerung auf Grund des Ablaufs der Gültigkeitsdauer beginnt die Gültigkeitsdauer der neuen Fahrerkarte mit dem Tag, der dem Tag des Ablaufs der Gültigkeit der vorherigen Fahrerkarte folgt. Wird eine Fahrerkarte ersetzt, entspricht die Gültigkeitsdauer der Gültigkeitsdauer der ersetzten Karte.

-

§ 6 Mitführen der abgelaufenen Fahrerkarte

Der Fahrer hat auch nach Ablauf der Gültigkeit die Fahrerkarte noch mindestens 28 Kalendertage im Fahrzeug mitzuführen. Bei Umtausch der Fahrerkarte entsprechend Artikel 14 Abs. 4 Buchstabe d der Verordnung (EWG) Nr. 3821/85 hat der Fahrer die Ausdrucke seiner Tätigkeiten für die dem Umtausch vorausgehenden 28 Kalendertage ebenfalls 28 Kalendertage mitzuführen.

-

§ 7 Werkstattkarte

(1) Die Werkstattkarte wird nur erteilt, wenn der Antragsteller als Unternehmer oder die nach Gesetz, Satzung oder Gesellschaftsvertrag zur Vertretung berufenen Personen sowie die verantwortliche Fachkraft (Installateur) fachlich geeignet sind.

(2) Der Antragsteller hat folgende Angaben zu machen und durch Unterlagen nachzuweisen:

1.
   Name, Anschrift und Sitz der Werkstatt, des Herstellers von Kontrollgeräten oder des Fahrzeugherstellers,

2.
   Geburts- und Familienname, Vornamen, Tag und Ort der Geburt des Unternehmers oder der nach Gesetz, Satzung oder Gesellschaftsvertrag zur Vertretung berufenen Personen,

3.
   Geburts- und Familienname, Vorname, Tag und Ort der Geburt, aktuelle Wohnanschrift und Muttersprache der verantwortlichen Fachkraft, für die die Werkstattkarte beantragt wird,

4.

5. Anerkennung oder Beauftragung der Werkstatt nach § 57b der Straßenverkehrs-Zulassungs-Ordnung,

6. Schulung der verantwortlichen Fachkraft, für die die Werkstattkarte beantragt wird, entsprechend der Richtlinie für die Durchführung von Schulungen der verantwortlichen Fachkräfte, die Prüfungen der Fahrtschreiber und Kontrollgeräte nach § 57b Abs. 3 der Straßenverkehrs-Zulassungs-Ordnung durchführen, sowie

bestehendes Arbeitsverhältnis mit der verantwortlichen Fachkraft, für die die Werkstattkarte beantragt wird.

(3) (entfällt)

(4) Die zuständige Behörde oder Stelle stellt durch Abruf beim zentralen Kontrollgerätkartenregister sicher, dass die verantwortliche Fachkraft nur eine Werkstattkarte pro Arbeitsverhältnis erhält.

(5) Die Werkstattkarte wird dem Unternehmen gegen Empfangsbestätigung ausgehändigt. Sie ist Eigentum des Unternehmens. Die zur Benutzung der Werkstattkarte erforderliche persönliche Identifikationsnummer wird der verantwortlichen Fachkraft an ihre Privatanschrift übersandt.

(6) Die Gültigkeitsdauer der Werkstattkarte beträgt ein Jahr. Sie beginnt mit dem Datum der Personalisierung. § 5 Abs. 5 Satz 3 bis 5 gilt entsprechend.

-

§ 8 Wegfall von Erteilungsvoraussetzungen

(1) Ist eine der Erteilungsvoraussetzungen nachträglich entfallen, so ist dies unverzüglich der zuständigen Behörde oder Stelle zu melden; die Werkstattkarte ist innerhalb einer von dieser festzusetzenden Frist an sie zurückzugeben. Die zuständige Behörde oder Stelle hat im Falle des Wegfalls der Erteilungsvoraussetzungen, insbesondere im Falle der missbräuchlichen Verwendung, die Rückgabe der Werkstattkarte zu verlangen. Rückgabepflichtig sind sowohl der Unternehmer, bei juristischen Personen die nach Gesetz, Satzung oder Gesellschaftsvertrag zur Vertretung berufenen Personen, als auch die verantwortliche Fachkraft. Scheidet die verantwortliche Fachkraft aus der Werkstatt aus, haben der Unternehmer oder die vertretungsberechtigten Personen die Werkstattkarte unverzüglich zurückzugeben. Ist dem Unternehmer oder den vertretungsberechtigten Personen eine Rückgabe nicht möglich, ist die zuständige Behörde oder Stelle unverzüglich zu unterrichten.

(2) Wird die Werkstattkarte wegen missbräuchlicher Verwendung zurückgenommen, unterrichtet die zuständige Behörde oder Stelle das Zentrale Kontrollgerätkartenregister beim Kraftfahrt-Bundesamt.

-

§ 9 Unternehmenskarte

(1) Der Antragsteller hat folgende Angaben zu machen und durch Unterlagen nachzuweisen:

1.

Name, Anschrift und Sitz des Unternehmens,

2.

Geburts- und Familienname, Vornamen, Tag und Ort der Geburt sowie Anschrift des Unternehmers oder der nach Gesetz, Satzung oder Gesellschaftsvertrag zur Vertretung berufenen Personen.

(2) Die Unternehmenskarten werden an den Unternehmer oder die nach Gesetz, Satzung oder Gesellschaftsvertrag zur Vertretung berufenen Personen ausgegeben. Der Unternehmer sorgt für die ordnungsgemäße Verwendung der Karten.

(3) Der Unternehmer hat dafür zu sorgen, dass zu Beginn und am Ende des Fahrzeugeinsatzes für das Unternehmen die Unternehmenskarte in das Kontrollgerät eingegeben wird, um den Einsatz des Fahrzeugs dem Unternehmen zuzuordnen.

(4) Die Gültigkeitsdauer der Unternehmenskarte beträgt fünf Jahre. Sie beginnt mit dem Datum der Personalisierung. § 5 Abs. 5 Satz 3 bis 5 gilt entsprechend.

-

§ 10 Kontrollkarte

Die Kontrollkarten werden an die für die Kontrolle der Sozialvorschriften im Straßenverkehr zuständigen Behörden und Stellen ausgegeben. Die Kontrollkarte weist die Kontrollbehörde aus und ermöglicht das Lesen, Ausdrucken und Herunterladen der im Massespeicher des Kontrollgerätes oder auf Fahrerkarten gespeicherten Daten. Die Gültigkeitsdauer der Kontrollkarte beträgt fünf Jahre.

Abschnitt 4
Zentrales Kontrollgerätkartenregister

-

§ 11 Führung und Zweckbestimmung des Registers

(1) Das Kraftfahrt-Bundesamt führt nach § 2 Nr. 4 des Fahrpersonalgesetzes das Zentrale Kontrollgerätkartenregister zum Nachweis der von den zuständigen Behörden oder Stellen ausgegebenen Kontrollgerätkarten im Sinne des Anhangs I B Abschnitt IV zur Verordnung (EWG) Nr. 3821/85. Darin werden erfasst die Identifizierungsdaten der Fahrer, verantwortlichen Fachkräfte, Unternehmen und Behörden, denen Fahrer-, Werkstatt-, Unternehmens- oder Kontrollkarten ausgestellt worden sind, und die Identifizierungsdaten der ausgestellten, abhanden gekommenen und defekten Fahrer-, Werkstatt-, Unternehmens- und Kontrollkarten.

(2) Das Register wird geführt zur Speicherung von Identifizierungsdaten, die erforderlich sind, um feststellen zu können, welche Karten eine Person, ein Unternehmen oder eine Kontrollbehörde besitzt oder welche Karten abhanden gekommen oder beschädigt sind.

-

§ 12 Inhalt des Registers

Im Zentralen Kontrollgerätkartenregister werden gespeichert über

1.

Fahrerkarten folgende Daten:

a)

Geburts- und Familienname, Vornamen, Tag und Ort der Geburt, akademischer Grad und Geschlecht,

b)

Kontrollgerätkartennummer und die vom Chiphersteller eingebrachte Chipkennung,

c)

Tag des Beginns und des Ablaufs der Gültigkeit der Fahrerkarte,

d)

Tag der Produktion der Fahrerkarte,

e)

Status der Fahrerkarte,

f)

antragsbearbeitende und mitteilende Behörde oder Stelle einschließlich der für die Antragsbearbeitung verantwortlichen Person,

g)

Fahrerlaubnisnummer einschließlich Ausgabestaat,

h)

bei Verlust oder Diebstahl das Datum des Abhandenkommens der Fahrerkarte;

2.

Werkstattkarten folgende Daten:

a)

Name und Anschrift der Werkstatt, des Herstellers von Kontrollgeräten oder des Fahrzeugherstellers, bei der Anschrift zusätzlich die statistische Kennziffer des Firmensitzes sowie der Standortgemeinde und des Gemeindeteils,

b)
Geburts- und Familienname, Vornamen, Tag und Ort der Geburt, akademischer Grad und Geschlecht des Unternehmers, bei juristischen Personen der nach Gesetz, Satzung oder Gesellschaftsvertrag zur Vertretung berufenen Personen,

c)
Geburts- und Familienname, Vornamen, Tag und Ort der Geburt, akademischer Grad und Geschlecht der Person, auf die die Karte nach § 7 Abs. 2 Nr. 4 ausgestellt wurde,

d)
Kontrollgerätkartennummer und die vom Chiphersteller eingebrachte Chipkennung,

e)
Tag des Beginns und des Ablaufs der Gültigkeit der Werkstattkarte,

f)
Tag der Produktion der Werkstattkarte,

g)
Status der Werkstattkarte,

h)
antragsbearbeitende und mitteilende Behörde oder Stelle einschließlich der für die Antragsbearbeitung verantwortlichen Person,

i)
bei Verlust oder Diebstahl das Datum des Abhandenkommens der Werkstattkarte;

3.
Unternehmenskarten folgende Daten:

a)
Name und Anschrift des Unternehmens sowie die statistische Kennziffer des Firmensitzes, der Standortgemeinde und des Gemeindeteils,

b)
Geburts- und Familienname, Vornamen, Tag und Ort der Geburt, akademischer Grad und Geschlecht des Unternehmers, bei juristischen Personen der nach Gesetz, Satzung oder Gesellschaftsvertrag zur Vertretung berufenen Personen,

c)
Kontrollgerätkartennummer und die vom Chiphersteller eingebrachte Chipkennung,

d)
Tag des Beginns und des Ablaufs der Gültigkeit der Unternehmenskarte,

e)
Tag der Produktion der Unternehmenskarte,

f)

antragsbearbeitende und mitteilende Behörde oder Stelle einschließlich der für die Antragsbearbeitung verantwortlichen Person,

g)

Status der Unternehmenskarte,

h)

bei Verlust oder Diebstahl das Datum des Abhandenkommens der Unternehmenskarte;

4.

Kontrollkarten folgende Daten:

a)

Name und Anschrift der Behörde,

b)

Kontrollgerätkartennummer und die vom Chiphersteller eingebrachte Chipkennung,

c)

Tag des Beginns und des Ablaufs der Gültigkeit der Kontrollkarte,

d)

Tag der Produktion der Kontrollkarte,

e)

Status der Kontrollkarte,

f)

bei Verlust oder Diebstahl das Datum des Abhandenkommens der Kontrollkarte.

-

§ 13 Löschung von Eintragungen im Zentralen Kontrollgerätkartenregister

Die Daten über Kontrollgerätkarten werden fünf Jahre nach Ablauf der Gültigkeitsdauer gelöscht.

-

§ 14 Mitteilung an das Zentrale Kontrollgerätkartenregister im automatisierten Dialogverfahren

(1) Die für die Antragsbearbeitung zuständige Behörde oder Stelle teilt dem Zentralen Kontrollgerätkartenregister unverzüglich die zu speichernden oder zu einer Änderung einer Eintragung führenden Daten im automatisierten Dialogverfahren mit; sie teilt dem Personalisierer die zur Personalisierung notwendigen Daten mit.
(2) Zuständige ausländische Stellen sind berechtigt, Statusänderungen zu Kontrollgerätkarten im automatisierten Dialogverfahren an das Zentrale Kontrollgerätkartenregister zu übermitteln.
(3) Der Personalisierer teilt dem Zentralen Kontrollgerätkartenregister unverzüglich

jeweils nach Produktion und Versand einer Kontrollgerätkarte eine entsprechende Information hierüber mit.

-

§ 15 Übermittlung von Daten an inländische Behörden und Stellen durch Abruf im automatisierten Verfahren

Die im Zentralen Kontrollgerätkartenregister gespeicherten Daten dürfen an die hierfür zuständigen Behörden und Stellen durch Abruf im automatisierten Verfahren übermittelt werden, soweit dies erforderlich ist

1.
   für Verwaltungsmaßnahmen auf Grund der Verordnung (EWG) Nr. 3821/85 oder darauf beruhender Rechtsvorschriften,
2.
   für Verkehrs- oder Grenzkontrollen,
3.
   für die Verfolgung von Ordnungswidrigkeiten,
4.
   für die Verfolgung von Straftaten.

-

§ 16 Übermittlung von Daten an ausländische Behörden und Stellen durch Abruf im automatisierten Verfahren

Die im Zentralen Kontrollgerätkartenregister über Fahrerkarten und Werkstattkarten gespeicherten Daten dürfen an die hierfür zuständigen Behörden und Stellen in den Mitgliedstaaten der Europäischen Union oder den Vertragsstaaten des Abkommens über den Europäischen Wirtschaftsraum durch Abruf im automatisierten Verfahren übermittelt werden, soweit dies erforderlich ist

1.
   für Verwaltungsmaßnahmen auf Grund der Verordnung (EWG) Nr. 3821/85 oder darauf beruhender Rechtsvorschriften,
2.
   für Verkehrskontrollen,
3.
   zur Verfolgung von Zuwiderhandlungen gegen Rechtsvorschriften auf dem Gebiet des Straßenverkehrs oder
4.
   zur Verfolgung von Straftaten, die im Zusammenhang mit dem Straßenverkehr stehen.

-

§ 17 Einrichtung und Betrieb der automatisierten Abrufverfahren

Die Einrichtung und der Betrieb der automatisierten Abrufverfahren richten sich nach den Bestimmungen des Bundesdatenschutzgesetzes.

Abschnitt 5
Ausnahmen

-

§ 18 Ausnahmen gemäß Verordnungen (EG) Nr. 561/2006 und (EWG) 3821/85

(1) Gemäß Artikel 13 Abs. 1 der Verordnung (EG) Nr. 561/2006 und Artikel 3 Abs. 2 der Verordnung (EWG) Nr. 3821/85 werden im Geltungsbereich des Fahrpersonalgesetzes folgende Fahrzeugkategorien von der Anwendung der Artikel 5 bis 9 der Verordnung (EG) Nr. 561/2006, der Anwendung der Verordnung (EU) Nr. 165/2014 und der Anwendung der Verordnung (EWG) Nr. 3821/85 ausgenommen:

1.

Fahrzeuge, die im Eigentum von Behörden stehen oder von diesen ohne Fahrer angemietet oder geleast sind, um Beförderungen im Straßenverkehr durchzuführen, die nicht im Wettbewerb mit privatwirtschaftlichen Verkehrsunternehmen stehen,

2.

Fahrzeuge, die von Landwirtschafts-, Gartenbau-, Forstwirtschaft- oder Fischereiunternehmen zur Güterbeförderung, insbesondere auch zur Beförderung lebender Tiere, im Rahmen der eigenen unternehmerischen Tätigkeit in einem Umkreis von bis zu 100 Kilometern vom Standort des Unternehmens verwendet oder von diesen ohne Fahrer angemietet werden,

3.

Land- und forstwirtschaftliche Zugmaschinen, die für land- oder forstwirtschaftliche Tätigkeiten in einem Umkreis von bis zu 100 Kilometern vom Standort des Unternehmens verwendet werden, das das Fahrzeug besitzt, anmietet oder least,

4.

Fahrzeuge oder Fahrzeugkombinationen mit einer zulässigen Höchstmasse von nicht mehr als 7,5 Tonnen, die von Postdienstleistern, die Universaldienstleistungen im Sinne des § 1 Absatz 1 der Post-Universaldienstleistungsverordnung vom 15. Dezember 1999 (BGBl. I S. 2418), die zuletzt durch Artikel 3 Absatz 26 des Gesetzes vom 7. Juli 2005 (BGBl. I S. 1970) geändert worden ist, in der jeweils geltenden Fassung erbringen, in einem Umkreis von 100 Kilometern vom Standort des Unternehmens zum Zwecke der Zustellung von Sendungen im Rahmen des Universaldienstes verwendet werden, soweit das Lenken des Fahrzeugs nicht die Haupttätigkeit des Fahrers darstellt,

5.

Fahrzeuge, die ausschließlich auf Inseln mit einer Fläche von nicht mehr als 2 300 Quadratkilometern verkehren, die mit den übrigen Teilen des Hoheitsgebiets weder durch eine befahrbare Brücke, Furt oder einen befahrbaren Tunnel verbunden sind,

6.

Fahrzeuge, die im Umkreis von 100 Kilometern vom Standort des Unternehmens zur Güterbeförderung mit Druckerdgas-, Flüssiggas- oder Elektroantrieb verwendet werden und deren zulässige Höchstmasse einschließlich Anhänger oder Sattelanhänger 7,5 Tonnen nicht übersteigt,

7.

Fahrzeuge, die zum Fahrschulunterricht und zur Fahrprüfung zwecks Erlangung der Fahrerlaubnis oder eines beruflichen Befähigungsnachweises dienen, sofern diese Fahrzeuge nicht für die gewerbliche Personen- oder Güterbeförderung verwendet werden,

8.

Fahrzeuge, die in Verbindung mit der Instandhaltung von Kanalisation, Hochwasserschutz, Wasser-, Gas- und Elektrizitätsversorgung, Straßenunterhaltung und -kontrolle, Hausmüllabfuhr, Telegramm- und Telefondienstleistungen, Rundfunk und Fernsehen sowie zur Erfassung von Radio- beziehungsweise Fernsehsendern oder -geräten eingesetzt werden,

9.

Fahrzeuge mit zehn bis 17 Sitzen, die ausschließlich zur nicht gewerblichen Personenbeförderung verwendet werden,

10.

Spezialfahrzeuge, die zum Transport von Ausrüstungen des Zirkus- oder Schaustellergewerbes verwendet werden,

11.

speziell für mobile Projekte ausgerüstete Fahrzeuge, die hauptsächlich im Stand zu Lehrzwecken verwendet werden,

12.

Fahrzeuge, die innerhalb eines Umkreises von bis zu 100 Kilometern zum Abholen von Milch bei landwirtschaftlichen Betrieben, zur Rückgabe von Milchbehältern oder zur Lieferung von Milcherzeugnissen für Futterzwecke an diese Betriebe verwendet werden,

13.

Spezialfahrzeuge für Geld- und/oder Werttransporte,

14.

Fahrzeuge, die in einem Umkreis von 250 Kilometern vom Standort des Unternehmens zum Transport tierischer Nebenprodukte im Sinne des Artikels 3 Nummer 1 der Verordnung (EG) Nr. 1069/2009 des Europäischen Parlaments und des Rates vom 21. Oktober 2009 mit Hygienevorschriften für nicht für den menschlichen Verzehr bestimmte tierische Nebenprodukte und zur Aufhebung der Verordnung (EG) Nr. 1774/2002 (Verordnung über tierische Nebenprodukte) (ABl. L 300 vom 14.11.2009, S. 1) in der jeweils geltenden Fassung verwendet werden,

15.
Fahrzeuge, die ausschließlich auf Straßen in Güterverteilzentren wie Häfen, Umschlaganlagen des Kombinierten Verkehrs und Eisenbahnterminals verwendet werden, und

16.
Fahrzeuge, die innerhalb eines Umkreises von bis zu 100 Kilometern für die Beförderung lebender Tiere von den landwirtschaftlichen Betrieben zu den lokalen Märkten und umgekehrt oder von den Märkten zu den lokalen Schlachthäusern verwendet werden.

(2) Abweichend von Artikel 5 Abs. 2 Satz 1 der Verordnung (EG) Nr. 561/2006 beträgt bei Beförderungen in einem Umkreis von 50 Kilometern vom Standort des Fahrzeugs das Mindestalter der Beifahrer zum Zwecke der Berufsausbildung 16 Jahre.

Abschnitt 6
Europäisches Übereinkommen über die Arbeit des im internationalen Straßenverkehr beschäftigten Fahrpersonals (AETR)

-

§ 19 Kontrollgeräte nach dem Europäischen Übereinkommen über die Arbeit des im internationalen Straßenverkehr beschäftigten Fahrpersonals (AETR)

Auf Grund des Artikels 3 Absatz 1, des Artikels 10 Absatz 1 und des Artikels 13 Absatz 1 des AETR in Verbindung mit Artikel 2 Abs. 3 der Verordnung (EG) Nr. 561/2006 hat der Unternehmer in Fahrzeuge, die dem AETR unterliegen und mit denen das Hoheitsgebiet der Bundesrepublik Deutschland befahren wird, vor Antritt derartiger Fahrten Kontrollgeräte einbauen zu lassen. Die Kontrollgeräte nach Satz 1 sind von dem Fahrer zu benutzen. Die Kontrollgeräte sind nach den Artikeln 10 bis 14 des Anhangs zum AETR zu betreiben. Bauart, Einbau, Benutzung und Prüfung der Kontrollgeräte richten sich nach den Vorschriften des AETR einschließlich seines Anhangs und der Anlagen. Kontrollgeräte im Sinne der Verordnung (EWG) Nr. 3821/85 erfüllen die Anforderungen nach Satz 4.

Abschnitt 7
Sonstige Vorschriften

-

§ 20 Nachweis über berücksichtigungsfreie Tage

(1) Selbstfahrende Unternehmer und Fahrer, die die in Artikel 15 Abs. 7 der Verordnung (EWG) Nr. 3821/85 oder Kapitel III Artikel 12 des Anhangs zum AETR oder dieser Verordnung vorgeschriebenen Nachweise nicht oder nicht vollständig vorlegen können, weil sie an einem oder mehreren der vorausgegangenen 28 Kalendertage

1.

ein Fahrzeug gelenkt haben, für deren Führen eine Nachweispflicht nicht besteht,

2.

erkrankt waren,

3.

sich im Urlaub befanden oder

4.

aus anderen Gründen kein Fahrzeug gelenkt haben,
haben bei einer Kontrolle, soweit diese Zeiten nicht durch manuelle Nachträge nach Absatz 2a oder Absatz 2b belegt werden, den zuständigen Personen auf Verlangen eine entsprechende Bescheinigung des Unternehmers vorzulegen. Diese Bescheinigung darf nicht handschriftlich ausgefüllt sein. Der Unternehmer hat den betroffenen Fahrern die Bescheinigung vor Fahrtantritt unter Angabe der Gründe für das Fehlen von Arbeitszeitnachweisen auszustellen, auszuhändigen und dafür Sorge zu tragen, dass der Fahrer die Bescheinigung während der Fahrt mit sich führt oder die manuellen Nachträge nach Absatz 2a oder Absatz 2b vornimmt. Der selbstfahrende Unternehmer hat die Bescheinigung vor Fahrtantritt auszustellen und zu unterzeichnen und manuelle Nachträge nach Absatz 2a oder Absatz 2b vorzunehmen. Im Übrigen ist die Bescheinigung vom Unternehmer, der nicht zugleich Fahrer ist, oder einer von ihm beauftragten Person, die nicht der Fahrer selbst sein darf, und vom Fahrer zu unterzeichnen. Nach Ablauf der Mitführungspflicht hat der Fahrer die Bescheinigung unverzüglich im Unternehmen abzugeben.

(2) Die Bescheinigung nach Absatz 1 darf auch als Telefax oder digitalisierte Kopie zur Verfügung gestellt werden. In den Fällen, in denen eine solche Bescheinigung nicht ausgestellt werden konnte, hat der Unternehmer, der nicht zugleich Fahrer ist, auf Verlangen der zuständigen Kontrollbehörde oder -stelle nachträglich eine Bescheinigung auszustellen oder vorzulegen.

(2a) Manuelle Nachträge im Sinne des Absatzes 1 Satz 1 müssen bei Verwendung eines Kontrollgerätes nach Anhang I B der Verordnung (EWG) Nr. 3821/85 vor Fahrtantritt mittels der manuellen Eingabevorrichtung des Kontrollgerätes auf der Fahrerkarte erfolgen.

(2b) Manuelle Nachträge im Sinne des Absatzes 1 Satz 1 müssen bei Verwendung eines Kontrollgerätes nach Anhang I der Verordnung (EWG) Nr. 3821/85 oder eines Nachweises nach § 1 Absatz 6 vor Fahrtantritt lesbar unter Verwendung der in Artikel 15 Absatz 3 Buchstabe b bis d der Verordnung (EWG) Nr. 3821/85 aufgeführten Zeichen erfolgen. Der Nachtrag ist auf der Rückseite des nächsten im Anschluss an den berücksichtigungsfreien Zeitraum verwendeten Schaublattes oder auf einem Nachweis nach § 1 Absatz 6 vorzunehmen. Bei Bedarf können auch mehrere Schaublätter beziehungsweise Nachweise nach § 1 Absatz 6 benutzt werden.

(3) Der Unternehmer, der nicht zugleich Fahrer ist, hat die Bescheinigungen ab dem Zeitpunkt der Rückgabe durch den Fahrer ein Jahr außerhalb des Fahrzeugs aufzubewahren und den Fahrern auf Verlangen eine Kopie auszuhändigen. Nach

Ablauf der Aufbewahrungspflicht sind die Bescheinigungen bis zum 31. März des folgenden Kalenderjahres zu vernichten.

-

§ 20a Verantwortlichkeiten

(1) Die Verkehrsunternehmen sind verpflichtet, ihren Betrieb nach Maßgabe von Artikel 10 Abs. 1 und 2 der Verordnung (EG) Nr. 561/2006 zu organisieren. Dies gilt auch für Fahrten im Hoheitsgebiet eines anderen Mitgliedstaates der Europäischen Union, eines Vertragsstaates des Abkommens über den Europäischen Wirtschaftsraum oder eines Drittstaates.

(2) Neben den Verkehrsunternehmen sind auch die mit diesen in geschäftlicher Verbindung stehenden Verlader, Spediteure, Reiseveranstalter, Hauptauftragnehmer, Unterauftragnehmer und Fahrervermittlungsagenturen für die Einhaltung der Vorschriften der Verordnung (EG) Nr. 561/2006 und der vorliegenden Verordnung verantwortlich. Die an der Beförderungskette beteiligten Unternehmen haben mit dem Ziel, die Einhaltung der Vorschriften zu gewährleisten, zusammenzuarbeiten und sich abzustimmen. Der jeweilige Auftraggeber hat dafür Sorge zu tragen, dass das beauftragte Verkehrsunternehmen die Vorschriften einhält. Er hat sich vor dem Vertragsabschluss mit einem Verkehrsunternehmen und während der Vertragslaufzeit in angemessenen Zeitabständen darüber zu vergewissern und darauf hinzuwirken, dass das beauftragte Verkehrsunternehmen aufgrund seiner personellen und sachlichen Ausstattung sowie seiner betrieblichen Organisation in der Lage ist, die vorgesehenen Transportaufträge unter Einhaltung der Vorschriften durchzuführen.

(3) Die Verkehrsunternehmen, Verlader, Spediteure, Reiseveranstalter, Hauptauftragnehmer, Unterauftragnehmer und Fahrervermittlungsagenturen stellen sicher, dass die vertraglich vereinbarten Beförderungszeitpläne nicht gegen die Verordnung (EG) Nr. 561/2006 verstoßen.

Abschnitt 8
Ordnungswidrigkeiten

-

§ 21 Ordnungswidrigkeiten

(1) Ordnungswidrig im Sinne des § 8 Abs. 1 Nr. 1 Buchstabe a des Fahrpersonalgesetzes handelt, wer als Unternehmer vorsätzlich oder fahrlässig

1.

    entgegen § 1 Abs. 5 Satz 1 nicht dafür sorgt, dass die dort genannten Vorschriften eingehalten werden,

1a.

    entgegen § 1 Absatz 6 Satz 7 Nummer 1 geeignete Vordrucke nicht, nicht rechtzeitig oder nicht in ausreichender Anzahl aushändigt,

2.

entgegen § 1 Abs. 6 Satz 7 Nr. 2 oder 3 jeweils auch in Verbindung mit Abs. 7 Satz 3 eine Aufzeichnung oder ein Schaublatt nicht oder nicht rechtzeitig prüft oder nicht, nicht in der vorgeschriebenen Weise oder nicht für die vorgeschriebene Dauer aufbewahrt oder nicht oder nicht rechtzeitig vorlegt oder eine Maßnahme nicht oder nicht rechtzeitig ergreift,

3.

entgegen § 1 Abs. 7 Satz 3 ein Schaublatt nicht oder nicht rechtzeitig aushändigt oder nicht dafür sorgt, dass das Kontrollgerät oder der Fahrtschreiber benutzt wird,

3a.

entgegen § 1 Absatz 8 Satz 1 einen Fahrplan oder einen Arbeitszeitplan nicht, nicht richtig, nicht vollständig oder nicht rechtzeitig erstellt oder nicht oder nicht mindestens ein Jahr aufbewahrt,

4.

entgegen § 2 Abs. 4 Satz 1 nicht sicherstellt, dass die Daten des Fahrzeugspeichers übertragen und gespeichert werden,

5.

entgegen § 2 Abs. 5 Satz 1 oder 2 nicht sicherstellt, dass die dort genannten Daten kopiert werden,

6.

entgegen § 2 Abs. 5 Satz 4 Daten nicht oder nicht rechtzeitig zur Verfügung stellt,

7.

entgegen § 2 Abs. 5 Satz 5 eine Sicherheitskopie nicht oder nicht rechtzeitig erstellt,

8.

entgegen § 2 Abs. 6 Satz 1 Daten nicht oder nicht rechtzeitig zur Verfügung stellt,

8a.

entgegen § 2a Satz 1 oder Satz 2 eine dort genannte Unterlage nicht oder nicht mindestens ein Jahr aufbewahrt oder nicht oder nicht rechtzeitig vorlegt,

9.

entgegen § 9 Absatz 3 nicht dafür sorgt, dass die Unternehmenskarte in das Kontrollgerät eingegeben wird,

10.

entgegen § 19 Satz 1 ein Kontrollgerät nicht oder nicht rechtzeitig einbauen lässt,

11.

entgegen § 20 Absatz 1 Satz 2, 3, 4 oder 5, Absatz 2 Satz 2 oder Absatz 3 Satz 1 eine dort genannte Bescheinigung nicht, nicht richtig, nicht rechtzeitig ausstellt, nicht oder nicht rechtzeitig aushändigt oder nicht oder nicht rechtzeitig vorlegt oder nicht oder nicht mindestens ein Jahr aufbewahrt,

12.

43

entgegen § 20 Absatz 1 Satz 3 nicht dafür Sorge trägt, dass der Fahrer die Bescheinigung während der Fahrt mit sich führt oder einen dort genannten manuellen Nachtrag vornimmt oder

13.

entgegen § 20a Absatz 2 Satz 3 nicht dafür Sorge trägt, dass das beauftragte Verkehrsunternehmen die Vorschriften einhält.

(2) Ordnungswidrig im Sinne des § 8 Abs. 1 Nr. 2 Buchstabe a des Fahrpersonalgesetzes handelt, wer als Fahrer vorsätzlich oder fahrlässig

1.

entgegen § 1 Abs. 1 oder 3 Nr. 1 Satz 1 oder Nr. 2 Satz 2 Lenkzeiten, Fahrtunterbrechungen oder Ruhezeiten nicht einhält,

2.

entgegen § 1 Abs. 6 Sätze 1 bis 6, jeweils auch in Verbindung mit Abs. 7 Satz 3, eine Aufzeichnung nicht, nicht richtig oder nicht vollständig führt oder eine Aufzeichnung oder ein Schaublatt nicht mitführt oder nicht oder nicht rechtzeitig aushändigt,

3.

entgegen § 1 Abs. 7 Satz 1 ein Kontrollgerät oder einen Fahrtschreiber nicht oder nicht richtig betreibt,

4.

entgegen § 1 Abs. 7 Satz 2 die Schicht oder die Pausen auf dem Schaublatt nicht, nicht richtig oder nicht rechtzeitig vermerkt,

5.

entgegen § 1 Abs. 7 Satz 4 die Schaublätter nicht mitführt oder nicht oder nicht rechtzeitig zur Prüfung aushändigt,

5a.

entgegen § 1 Absatz 8 Satz 2 einen Auszug oder eine Ausfertigung nicht mitführt,

6.

entgegen § 2 Abs. 1 ein Kontrollgerät nicht oder nicht richtig bedient oder die Benutzerführung nicht oder nicht richtig beachtet,

7.

entgegen § 2 Abs. 2 einen dort genannten Zeitraum auf der Fahrerkarte nicht, nicht richtig oder nicht rechtzeitig einträgt,

8.

(weggefallen)

9.

entgegen § 2 Abs. 3 Satz 1 einen Ausdruck nicht oder nicht rechtzeitig vorlegt,

10.

entgegen § 2 Abs. 4 Satz 3 den Ausdruck nicht oder nicht rechtzeitig weiterleitet,

11.

entgegen § 5 Abs. 4 Satz 1 die Fahrerkarte einem Dritten zur Nutzung überlässt,

12.

  entgegen § 5 Abs. 4 Satz 2 die Fahrerkarte nicht mitführt oder nicht oder nicht rechtzeitig zur Prüfung aushändigt,

13.

  entgegen § 6 die abgelaufene Fahrerkarte oder den Ausdruck nicht oder nicht mindestens 28 Kalendertage mitführt,

14.

  entgegen § 19 Satz 2 ein Kontrollgerät nicht benutzt,

15.

  entgegen § 20 Absatz 1 Satz 1 eine dort genannte Bescheinigung nicht, nicht richtig oder nicht rechtzeitig vorlegt,

16.

  entgegen § 20 Absatz 1 Satz 5 eine Bescheinigung als beauftragte Person unterzeichnet oder

17.

  entgegen § 20 Absatz 1 Satz 6 eine Bescheinigung nicht oder nicht rechtzeitig abgibt.

(3) Ordnungswidrig im Sinne des § 8 Abs. 1 Nr. 4 Buchstabe a des Fahrpersonalgesetzes handelt, wer als Werkstattinhaber oder als verantwortliche Fachkraft (Installateur) vorsätzlich oder fahrlässig

1.

  entgegen § 8 Abs. 1 Satz 1 erster Halbsatz den Wegfall der Erteilungsvoraussetzungen nicht meldet oder

2.

  entgegen § 4 Abs. 4 Satz 5 oder § 8 Abs. 1 Satz 1 zweiter Halbsatz in Verbindung mit Satz 3 oder 5 eine Werkstattkarte nicht oder nicht rechtzeitig zurückgibt.

-

§ 22 (weggefallen)

-

-

§ 23 Zuwiderhandlungen gegen die Verordnung (EWG) Nr. 3821/85

(1) Ordnungswidrig im Sinne des § 8 Abs. 1 Nr. 1 Buchstabe b des Fahrpersonalgesetzes handelt, wer als Unternehmer gegen die Verordnung (EWG) Nr. 3821/85 des Rates vom 20. Dezember 1985 über das Kontrollgerät im Straßenverkehr (ABl. EG Nr. L 370 S. 8), zuletzt geändert durch Artikel 26 der Verordnung (EG) Nr. 561/2006 des Europäischen Parlaments und des Rates vom 15. März 2006 (ABl. EU Nr. L 102 S. 1), verstößt, indem er vorsätzlich oder fahrlässig

45

1.

entgegen Artikel 3 Abs. 1 erster Halbsatz ein Kontrollgerät nicht einbaut oder nicht benutzt,

2.

entgegen Artikel 13 für das ordnungsgemäße Funktionieren des Kontrollgerätes oder die ordnungsgemäße Benutzung des Kontrollgerätes oder der Fahrerkarte nicht sorgt,

3.

entgegen Artikel 14 Abs. 1 Unterabs. 1 Satz 1 eine ausreichende Anzahl Schaublätter nicht aushändigt,

4.

entgegen Artikel 14 Abs. 1 Unterabs. 1 Satz 2 ein Schaublatt aushändigt, das sich für das eingebaute Kontrollgerät nicht eignet,

5.

entgegen Artikel 14 Abs. 1 Unterabs. 2 nicht dafür Sorge trägt, dass der dort genannte Ausdruck ordnungsgemäß erfolgen kann,

6.

entgegen Artikel 14 Abs. 2 Satz 3 ein Schaublatt nicht oder nicht rechtzeitig vorlegt oder nicht oder nicht rechtzeitig aushändigt oder

7.

entgegen Artikel 16 Abs. 1 Unterabs. 1, auch in Verbindung mit Unterabs. 2, eine Reparatur nicht, nicht richtig oder nicht rechtzeitig durchführen lässt.

(2) Ordnungswidrig im Sinne des § 8 Abs. 1 Nr. 2 Buchstabe b des Fahrpersonalgesetzes handelt, wer als Fahrer gegen die Verordnung (EWG) Nr. 3821/85 verstößt, indem er vorsätzlich oder fahrlässig

1.

entgegen Artikel 3 Abs. 1 erster Halbsatz ein Kontrollgerät nicht benutzt,

2.

entgegen Artikel 13 für das ordnungsgemäße Funktionieren des Kontrollgerätes oder die ordnungsgemäße Benutzung des Kontrollgerätes oder der Fahrerkarte nicht sorgt,

3.

entgegen Artikel 14 Abs. 1 Unterabs. 2 nicht dafür Sorge trägt, dass der dort genannte Ausdruck ordnungsgemäß erfolgen kann,

4.

entgegen Artikel 14 Abs. 4 Buchstabe a Unterabs. 3 Satz 2 oder 3 eine andere Fahrerkarte, eine defekte Fahrerkarte oder eine Fahrerkarte, deren Gültigkeit abgelaufen ist, benutzt,

5.

(weggefallen)

6.

entgegen Artikel 15 Abs. 1 Unterabs. 5 einen Ausdruck nicht oder nicht rechtzeitig fertigt oder eine dort genannte Angabe oder eine dort genannte Zeit nicht, nicht richtig, nicht vollständig oder nicht rechtzeitig einträgt,

7.

8. (weggefallen)

9. (weggefallen)

9a. (weggefallen)

10. (weggefallen)

11. (weggefallen)

entgegen Artikel 15 Abs. 7 Buchstabe a oder b ein Schaublatt, die Fahrerkarte, einen Ausdruck oder eine handschriftliche Aufzeichnung nicht oder nicht rechtzeitig vorlegt,

12.

entgegen Artikel 16 Abs. 2 Unterabs. 1 eine dort genannte Angabe nicht, nicht richtig, nicht vollständig oder nicht für die vorgeschriebene Dauer vermerkt,

13.

entgegen Artikel 16 Abs. 2 Unterabs. 2 eine Angabe nicht oder nicht rechtzeitig ausdrucken lässt oder nicht, nicht richtig, nicht vollständig oder nicht rechtzeitig macht oder den Ausdruck nicht oder nicht rechtzeitig mit der Unterschrift versieht oder

14.

entgegen Artikel 16 Abs. 3 Unterabs. 3 die Fahrt ohne Fahrerkarte fortsetzt.

(3) Ordnungswidrig im Sinne des § 8 Abs. 1 Nr. 4 Buchstabe b des Fahrpersonalgesetzes handelt, wer als Werkstattinhaber oder als Installateur vorsätzlich oder fahrlässig entgegen Artikel 12 Abs. 1 Unterabs. 1 der Verordnung (EWG) Nr. 3821/85 ein Kontrollgerät einbaut oder repariert.

(4) Ordnungswidrig im Sinne des § 8 Abs. 1 Nr. 1 Buchstabe b, Nr. 2 Buchstabe b oder Nr. 4 Buchstabe b des Fahrpersonalgesetzes handelt, wer als Unternehmer, Fahrer, Werkstattinhaber oder als Installateur vorsätzlich oder fahrlässig entgegen Artikel 15 Abs. 8 der Verordnung (EWG) Nr. 3821/85 Aufzeichnungen auf dem Schaublatt verfälscht, unterdrückt oder vernichtet oder Speicherinhalte des Kontrollgerätes oder der Fahrerkarte oder die ausgedruckten Dokumente von dem Kontrollgerät nach Anhang I B verfälscht, unterdrückt oder vernichtet oder eine Einrichtung hierfür im Fahrzeug bereithält.

-

§ 24 Zuwiderhandlungen gegen die Verordnung (EG) Nr. 2135/98

Ordnungswidrig im Sinne des § 8 Abs. 1 Nr. 2 Buchstabe b des Fahrpersonalgesetzes handelt, wer als Fahrer vorsätzlich oder fahrlässig entgegen Artikel 2 Abs. 4 der Verordnung (EG) Nr. 2135/98 des Rates vom 24. September 1998 zur Änderung der Verordnung (EWG) Nr. 3821/85 über das Kontrollgerät im Straßenverkehr und der Richtlinie 88/599/EWG über die Anwendung der Verordnungen (EWG) Nr. 3820/85 und (EWG) Nr. 3821/85 (ABl. EG Nr. L 274 S.

1), die durch die Verordnung (EG) Nr. 1360/ 2002 der Kommission vom 13. Juni 2002 (ABl. EG Nr. L 207 S. 1) geändert worden ist, eine Angabe nicht oder nicht rechtzeitig ausdruckt oder nicht oder nicht rechtzeitig überträgt oder das ausgedruckte Dokument nicht oder nicht rechtzeitig unterzeichnet.

-

§ 24a Zuwiderhandlungen gegen die Verordnung (EU) Nr. 165/2014

Ordnungswidrig im Sinne des § 8 Absatz 1 Nummer 2 Buchstabe b des Fahrpersonalgesetzes handelt, wer als Fahrer gegen die Verordnung (EU) Nr. 165/2014 des Europäischen Parlaments und des Rates vom 4. Februar 2014 über Fahrtenschreiber im Straßenverkehr, zur Aufhebung der Verordnung (EWG) Nr. 3821/85 des Rates über das Kontrollgerät im Straßenverkehr und zur Änderung der Verordnung (EG) Nr. 561/2006 des Europäischen Parlaments und des Rates zur Harmonisierung bestimmter Sozialvorschriften im Straßenverkehr (ABl. L 60 vom 28.2.2014, S. 1) verstößt, indem er vorsätzlich oder fahrlässig

1.
   entgegen Artikel 34 Absatz 1 Satz 1 ein Schaublatt oder eine Fahrerkarte nicht oder nicht rechtzeitig benutzt,

2.
   entgegen Artikel 34 Absatz 1 Satz 2 ein Schaublatt oder eine Fahrerkarte entnimmt,

3.
   entgegen Artikel 34 Absatz 1 Satz 3 ein Schaublatt oder eine Fahrerkarte verwendet,

4.
   entgegen Artikel 34 Absatz 3 Unterabsatz 1, Absatz 4 Unterabsatz 2 oder Absatz 6 Buchstabe e eine Eintragung oder eine Änderung nicht, nicht richtig, nicht vollständig, nicht in der vorgeschriebenen Weise oder nicht vor Fahrtantritt vornimmt,

5.
   entgegen Artikel 34 Absatz 4 Unterabsatz 1 nicht sicherstellt, dass die Fahrerkarte im richtigen Steckplatz eingeschoben ist,

6.
   entgegen Artikel 34 Absatz 5 Buchstabe a nicht darauf achtet, dass die Zeitmarkierung mit der dort genannten Zeit übereinstimmt,

7.
   entgegen Artikel 34 Absatz 5 Buchstabe b die Schaltvorrichtung des Kontrollgeräts nicht, nicht richtig oder nicht zu Beginn der dort genannten Zeiten betätigt,

8.
   entgegen Artikel 34 Absatz 6 Buchstabe a bis c oder Buchstabe d eine dort genannte Angabe nicht, nicht richtig, nicht vollständig oder nicht rechtzeitig einträgt oder

9.

    entgegen Artikel 34 Absatz 7 Unterabsatz 1 Satz 1 ein Symbol nicht, nicht richtig oder nicht rechtzeitig eingibt.

-

§ 25 Zuwiderhandlungen gegen das AETR

(1) Ordnungswidrig im Sinne des § 8 Absatz 1 Nummer 1 Buchstabe b des Fahrpersonalgesetzes handelt, wer als Unternehmer gegen das Europäische Übereinkommen über die Arbeit des im internationalen Straßenverkehr beschäftigten Fahrpersonals (AETR) in der Fassung der Bekanntmachung vom 31. Juli 1985 (BGBl. 1985 II S. 889), das zuletzt durch Artikel 1 des Gesetzes vom 2. November 2011 (BGBl. 2011 II S. 1095) geändert worden ist, verstößt, indem er vorsätzlich oder fahrlässig

1.

    entgegen Artikel 5 einen Fahrer einsetzt, der die dort genannten Voraussetzungen nicht erfüllt,

2.

    entgegen Artikel 11 Absatz 1 in Verbindung mit Artikel 6 Absatz 1 Satz 1, Absatz 2 oder Absatz 3, Artikel 7 Absatz 1 oder Artikel 8 Absatz 1, 2 Satz 1, Absatz 3, 5, 6 Buchstabe a oder Buchstabe c Satz 1, 3 oder Satz 4 oder Absatz 7 den Fahrbetrieb nicht oder nicht richtig organisiert,

3.

    entgegen Artikel 11 Absatz 2 Satz 2 einen festgestellten Verstoß gegen das Übereinkommen nicht oder nicht rechtzeitig abstellt oder eine dort genannte Maßnahme nicht oder nicht rechtzeitig trifft,

4.

    entgegen Artikel 10 des Anhangs für das einwandfreie Funktionieren oder die ordnungsgemäße Benutzung des Kontrollgerätes oder der Fahrerkarte nicht sorgt,

5.

    entgegen Artikel 11 Absatz 1 des Anhangs ein dort genanntes Schaublatt nicht oder nicht richtig aushändigt oder nicht dafür Sorge trägt, dass ein dort genannter Ausdruck erfolgen kann,

6.

    entgegen Artikel 11 Absatz 2 Buchstabe a Satz 1 des Anhangs ein Schaublatt oder eine Kopie nicht oder nicht mindestens ein Jahr aufbewahrt,

7.

    entgegen Artikel 11 Absatz 2 Buchstabe a Satz 3 des Anhangs ein Schaublatt nicht oder nicht rechtzeitig aushändigt,

8.

    entgegen Artikel 11 Absatz 2 Buchstabe b Ziffer ii des Anhangs nicht sicherstellt, dass alle Daten aus der Fahrzeugeinheit und der Fahrerkarte heruntergeladen werden oder mindestens zwölf Monate aufbewahrt werden und die Daten auf Verlangen zur Verfügung stehen,

9.

entgegen Artikel 12 Absatz 8 Satz 1 des Anhangs eine Aufzeichnung auf dem Schaublatt, den Speicherinhalt des Kontrollgeräts oder der Fahrerkarte oder ein ausgedrucktes Dokument verfälscht, unterdrückt oder vernichtet oder

10.

entgegen Artikel 13 Absatz 1 Unterabsatz 1 des Anhangs eine Reparatur nicht oder nicht rechtzeitig durchführen lässt.

(2) Ordnungswidrig im Sinne des § 8 Absatz 1 Nummer 2 Buchstabe b des Fahrpersonalgesetzes handelt, wer als Fahrer gegen das Europäische Übereinkommen über die Arbeit des im internationalen Straßenverkehr beschäftigten Fahrpersonals (AETR) verstößt, indem er vorsätzlich oder fahrlässig

1.

entgegen Artikel 5 ein Fahrzeug führt, ohne das dort festgelegte Mindestalter erreicht zu haben oder ohne einer dort festgesetzten Anforderung zu entsprechen,

2.

entgegen Artikel 6 Absatz 1 Satz 1, Absatz 2 oder Absatz 3, Artikel 7 Absatz 1 oder Artikel 8 Absatz 1, 2, 5, 6 oder 7 oder Artikel 8bis eine Lenkzeit, eine Unterbrechung oder eine Ruhezeit nicht einhält,

3.

entgegen Artikel 6 Absatz 5 Satz 1 eine dort genannte Zeit nicht oder nicht richtig festhält,

4.

entgegen Artikel 9 Satz 2 Art oder Grund einer Abweichung nicht, nicht richtig oder nicht rechtzeitig vermerkt,

5.

entgegen Artikel 10 des Anhangs für das einwandfreie Funktionieren und die ordnungsgemäße Benutzung des Kontrollgerätes sowie der Fahrerkarte nicht sorgt,

6.

entgegen Artikel 11 Absatz 1 Unterabsatz 2 des Anhangs nicht dafür Sorge trägt, dass ein dort genannter Ausdruck erfolgen kann,

7.

entgegen Artikel 12 Absatz 1 Unterabsatz 1 Satz 1 oder Unterabsatz 2 des Anhangs ein angeschmutztes oder beschädigtes Schaublatt verwendet oder dem Reserveblatt das beschädigte Schaublatt nicht, nicht richtig oder nicht rechtzeitig beifügt,

8.

entgegen Artikel 12 Absatz 2 Buchstabe a Satz 1 des Anhangs ein Schaublatt oder eine Fahrerkarte nicht oder nicht rechtzeitig benutzt,

9.

entgegen Artikel 12 Absatz 2 Buchstabe a Satz 2 oder Satz 3 des Anhangs ein Schaublatt oder eine Fahrerkarte entnimmt oder über den dort genannten

Zeitraum hinaus verwendet,

10.

entgegen Artikel 12 Absatz 2 Buchstabe b oder Buchstabe c oder Absatz 5 Buchstabe e des Anhangs eine Eintragung oder eine Änderung nicht, nicht richtig, nicht vollständig, nicht in der vorgeschriebenen Weise oder nicht vor Fahrtantritt vornimmt,

10a.

entgegen Artikel 12 Absatz 3 zweiter Gedankenstrich des Anhangs die Schaltvorrichtung nicht richtig betätigt,

10b.

entgegen Artikel 12 Absatz 5 Buchstabe a bis c oder Buchstabe d des Anhangs eine dort genannte Angabe nicht, nicht richtig, nicht vollständig, nicht in der vorgeschriebenen Weise oder nicht rechtzeitig einträgt,

10c.

entgegen Artikel 12 Absatz 5bis Satz 1 des Anhangs ein Symbol nicht richtig eingibt,

11.

entgegen Artikel 12 Absatz 7 Buchstabe a oder Buchstabe b des Anhangs ein dort genanntes Schaublatt, eine Fahrerkarte oder einen dort genannten Ausdruck nicht oder nicht rechtzeitig vorlegt,

11a.

entgegen Artikel 12 Absatz 8 Satz 1 des Anhangs eine Aufzeichnung auf dem Schaublatt, den Speicherinhalt des Kontrollgeräts oder der Fahrerkarte oder ein ausgedrucktes Dokument verfälscht, unterdrückt oder vernichtet,

12.

entgegen Artikel 13 Absatz 2 Buchstabe a des Anhangs eine dort genannte Angabe nicht, nicht richtig, nicht vollständig, nicht in der vorgeschriebenen Weise oder nicht rechtzeitig vermerkt oder

13.

entgegen Artikel 13 Absatz 2 Buchstabe b Ziffer i des Anhangs eine Angabe nicht, nicht richtig oder nicht rechtzeitig ausdruckt, den Ausdruck nicht oder nicht rechtzeitig mit der Unterschrift versieht oder eine Zeit nicht, nicht richtig oder nicht rechtzeitig einträgt.

(3) Ordnungswidrig im Sinne des § 8 Absatz 1 Nummer 4 Buchstabe b des Fahrpersonalgesetzes handelt, wer als Werkstattinhaber oder Installateur gegen das Europäische Übereinkommen über die Arbeit des im internationalen Straßenverkehr beschäftigten Fahrpersonals (AETR) verstößt, indem er vorsätzlich oder fahrlässig

1.

entgegen Artikel 9 Absatz 1 Satz 1 des Anhangs ein Kontrollgerät einbaut oder repariert oder

2.

entgegen Artikel 12 Absatz 8 Satz 1 des Anhangs eine Aufzeichnung auf dem Schaublatt, den Speicherinhalt des Kontrollgeräts oder der Fahrerkarte oder ein ausgedrucktes Dokument verfälscht, unterdrückt oder vernichtet.

Abschnitt 9
Übergangsvorschriften

-

§ 26

Kontrollgerätkarten, die vor Inkrafttreten dieser Verordnung von den zuständigen Behörden oder Stellen in einem vom Bundesministerium für Verkehr und digitale Infrastruktur geregelten Verfahren erteilt worden sind, gelten als wirksam erteilt im Sinne der §§ 4, 5, 7 und 9 dieser Verordnung.

-

Anlage 1 (zu § 1 Abs. 6)

+++ Wegen nicht darstellbarer Textteile Anlage nicht aufgenommen +++
(Fundstelle: BGBl. I 2005, 1893
bzgl. der einzelnen Änderungen vgl. Fußnote)

-

Anlage 2 (zu § 3)
Digitales Tachographensystem im Straßenverkehr
Policy für die Bundesrepublik Deutschland
Version 1.2 in der Fassung vom 18. April 2007

(Fundstelle des Originaltextes: BGBl. I 2008, 61 - 82)

1

Einleitung

Dieses Dokument ist die Policy der Bundesrepublik Deutschland, im Folgenden kurz als die **D-MSA-Policy** bezeichnet, für den elektronischen Fahrtenschreiber gemäß VO (EG) 3821/85 und Anlage 11 des Anhangs I (B) der VO (EG) 2135/98 in Verbindung mit VO (EG) 1360/2002 (CSM_008). Die D-MSA-Policy befindet sich im Einklang mit der

- Digital Tachograph System – European Root Policy (Version 2.0 Special Publication I.04.131)

- VO (EG) 3821/85

- VO (EG) 2135/98

-

- VO (EG) 1360/2002

- VO (EG) 561/2006

- „Common Security Guideline".[1] .

1.1 Zuständige Organisationen

Das Tachographen-System verfügt über folgende Organisation[2] :

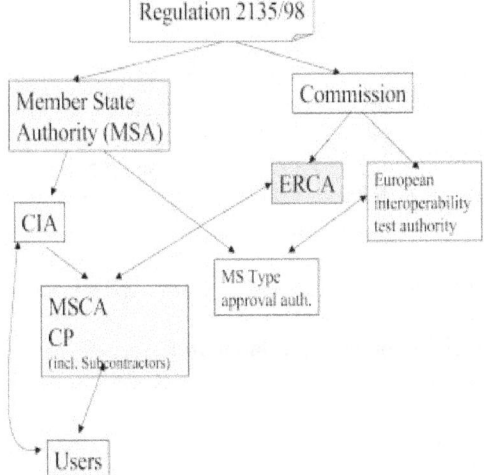

D-MSA

Die für die Umsetzung der VO (EG) 3821/85, VO (EG) 2135/98 und VO (EG) 1360/2002 in Deutschland zuständige Stelle wird im Folgenden dem internationalen Sprachgebrauch folgend mit D-MSA (Deutschland-Member State Authority) bezeichnet und vom Bundesministerium für Verkehr, Bau und Stadtentwicklung wahrgenommen. Offizieller Ansprechpartner ist:

Bundesministerium für Verkehr und digitale Infrastruktur
Referat S 36
Robert-Schuman-Platz 1
D-53175 Bonn
Telefon: +49.228.300-5365
Fax: +49.228.300-1470.

D-CA

Die D-MSA beauftragt das Kraftfahrt-Bundesamt (KBA) mit der Wahrnehmung der Aufgaben der D-CA

Kraftfahrt-Bundesamt
Leiter der D-CA
Fördestraße 16

D-24944 Flensburg
Telefon: +49.461.316-1610
Fax: +49.461.316-1767.

D-CP

Die D-MSA beauftragt das Kraftfahrt-Bundesamt (KBA) mit der
Wahrnehmung der Aufgaben des D-CP
Kraftfahrt-Bundesamt
Personalisierungsstelle
Fördestraße 16
D-24944 Flensburg
Telefon: +49.461.316-1240
Fax: +49.461.316-1822.

Dazu gehört insbesondere die Verantwortung für die Umsetzung der D-MSA-Policy. Die D-CA/der D-CP kann die Erfüllung (von Teilen) ihrer/seiner Aufgaben externen Dienstleistern übertragen. Hierdurch wird die Verantwortung der D-CA/des D-CP in keiner Weise eingeschränkt.

D-CIA

Die Wahrnehmung der Aufgaben der D-CIA wird von den Bundesländern jeweils individuell bestimmt.

Hersteller von Fahrzeugeinheiten und **Hersteller von Weg-/Geschwindigkeitsgebern:**
Siemens AG
Siemens-VDO Automotive
Commercial Vehicles
Heinrich-Hertz-Straße 45
D-78052 Villingen-Schwenningen
Telefon: +49.7721/67-0
Fax: +49.7721/7847.

1.2

Genehmigung

Die D-MSA-Policy wurde von der D-MSA bei der EU-Kommission zur Genehmigung vorgelegt und durch
European Commission
Directorate General JRC
Joint Research Centre
Institute for the Protection and Security of the Citizen
Traceability and Vulnerability Assessment Unit
TP 361
I-21020 Ispra (Va)
Italy
am 3. Juli 2007 genehmigt[3] .

1.3

Verfügbarkeit und Kontakt-Details

Die D-MSA-Policy steht in elektronischer Form auf der Web-Seite

http://www.kba.de zur Verfügung.
Fragen und Kontakt-Details zu dieser nationalen MSA-Policy sind zu richten
an:

Bundesministerium für Verkehr und digitale Infrastruktur
Referat S 36
Robert-Schuman-Platz 1
D-53175 Bonn
Telefon: +49.228.300-5365
Fax: +49.228.300-1470.

2 Geltungsbereich

[r2.1]
Die Gültigkeit der D-MSA-Policy erstreckt sich ausschließlich auf die
Wahrnehmung der Aufgaben im Rahmen der VO (EG) 3821/85, VO (EG)
2135/98 und VO (EG) 1360/2002.
[r2.2]
D-MSA und D-CA stellen im Rahmen ihrer jeweiligen Zuständigkeiten und der
jeweils geltenden Rechtsvorschriften sicher, dass die von der D-CA erstellten
Zertifikate und Schlüssel nur für die in der VO (EG) 3821/85, VO (EG)
2135/98 und VO (EG) 1360/2002 definierten Zwecke im Rahmen ihrer
individuellen Zuständigkeiten und den relevanten gültigen Regelungen
eingesetzt werden.
[r2.3]
Der Geltungsbereich der vorliegenden D-MSA-Policy ist in folgender
Übersicht fett markiert[4] :

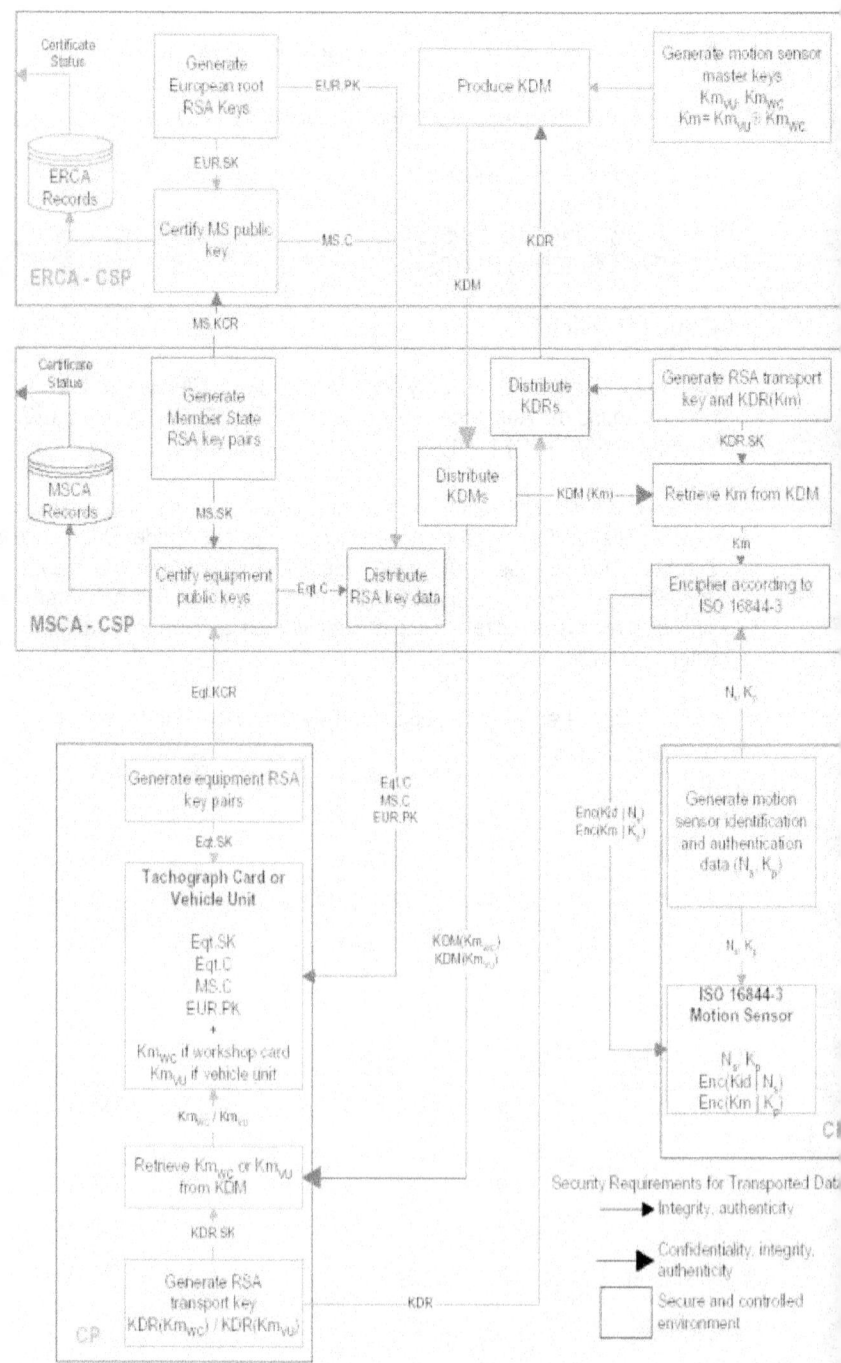

Figure 1 Description of Annex I(B) key management

3
Allgemeine Regelungen

3.1

Aufgaben und Verpflichtungen

Dieser Abschnitt beschreibt Aufgaben und Verpflichtungen der an der Umsetzung der VO (EG) 3821/85, VO (EG) 2135/98 und VO (EG) 1360/2002 beteiligten Stellen, soweit diese den Gültigkeitsbereich derD-MSA-Policybetreffen.

[r3.1]

Die **D-MSA**:

a)
nimmt ihre Aufgaben in Abstimmung mit den Ländern wahr,

b)
ist zuständig für die Erstellung und Aktualisierung der D-MSA-Policy und veranlasst deren Genehmigung durch die Kommission,

c)
ernennt die D-CA und gibt diese Ernennung der Generaldirektion für Verkehr und Energie der Europäischen Union (DG TREN) bekannt,

d)
ernennt den D-CP oder lagert diese Aufgabe an einen externen Dienstleister aus,

e)
kann Überprüfungen der D-CA, der D-CP, der D-CIA, der Hersteller und weiterer externer Dienstleister durchführen oder veranlassen, wenn dies erforderlich ist,

f)
stellt sicher oder veranlasst, dass die D-CA alle für ihre Tätigkeit benötigten Informationen in korrekter Weise erhält,

g)
genehmigt das Practice Statement (PS) der D-CA, des D-CP, der Hersteller von Fahrzeugeinheiten und der Hersteller von Weg-/Geschwindigkeitsgebern und ggf. das PS weiterer externer Dienstleister,

h)
stellt sicher oder veranlasst, dass die D-MSA-Policy den beteiligten Stellen zur Verfügung gestellt wird,

i)
informiert unverzüglich die ERCA oder eine ihrer autorisierten Stellen über alle sicherheitsrelevanten Vorfälle bei der Produktion, Personalisierung und beim Einsatz ihrer Geräte sowie der in diese eingebrachten Schlüssel und Zertifikate.

[r3.2]

Die **D-CA**:

a)

führt in ihrem Betrieb die Anforderungen der VO (EG) 3821/85, VO (EG) 2135/98 und VO (EG) 1360/2002, aller hierfür relevanten Rechtsvorschriften, der Root-Policy und dieser D-MSA-Policy aus,

b)

erstellt ein PS, in dem mindestens die Art der Umsetzung der D-MSA-Policy, der Root-Policy und der gesetzlichen Regelungen erläutert wird,

c)

hält die zur ordnungsgemäßen Erfüllung ihrer Aufgabe notwendigen personellen und materiellen Ressourcen bereit,

d)

trägt die Verantwortung für die ordnungsgemäße Durchführung ihrer Aufgaben auch dann, wenn sie diese oder Teile davon an externe Dienstleister auslagert. In diesem Fall hat sie sicherzustellen, dass diese in ihrem Betrieb die relevanten Anforderungen der D-MSA-Policy und des PS einhalten,

e)

informiert unverzüglich die D-MSA oder eine ihrer autorisierten Stellen und ggf. die ERCA über alle sicherheitsrelevanten Vorfälle bei der Produktion, Personalisierung und beim Einsatz ihrer Geräte sowie der in diese eingebrachten Schlüssel und Zertifikate.

[r3.3]

Die **D-CIA**:

a)

prüft, ob alle erforderlichen Dokumente vorgelegt wurden,

b)

prüft, ob alle Voraussetzungen für die Ausgabe einer Kontrollgerätkarte nach den VO (EG) 3821/85, VO (EG) 2135/98 und VO (EG) 1360/2002, aller hierfür relevanten Rechtsvorschriften, der Root-Policy und dieser D-MSA-Policy gegeben sind,

c)

prüft vor der Bestellung einer Kontrollgerätkarte, ob dem Antragsteller bereits in einem anderen EU-Mitgliedstaat eine Kontrollgerätkarte ausgestellt wurde,

d)

stellt sicher, dass die Antragsdaten korrekt in Übereinstimmung mit den vorgelegten Dokumenten und entsprechend den Anforderungen des D-CP und dieser Policy an den D-CP geliefert werden,

e)

informiert in geeigneter Weise alle Nutzer über die Anforderung dieser Policy,

f)

stellt sicher, dass die PIN der Werkstattkarte nur an die Person ausgeliefert wird, für die die Werkstattkarte ausgestellt wurde,

g)

informiert unverzüglich die D-MSA und die D-CA oder eine ihrer autorisierten Stellen über alle sicherheitsrelevanten Vorfälle.

[r3.4]

Der **D-CP**:

a)

erfüllt in seinem Betrieb die Anforderungen der VO (EG) 3821/85, VO (EG) 2135/98 und VO (EG) 1360/2002, aller hierfür relevanten sonstigen Rechtsvorschriften, der Root-Policy und dieser D-MSA-Policy,

b)

schließt – sofern es sich bei diesem um einen externen Dienstleister handelt – einen Vertrag mit der D-MSA ab, in dem er die Erfüllung seiner Verpflichtungen nach Buchstabe a verbindlich zusagt,

c)

erstellt ein PS, in dem mindestens die Art der Umsetzung der D-MSA-Policy, der Root-Policy und der gesetzlichen Regelungen erläutert wird,

d)

weist der D-MSA gegenüber die konkrete Umsetzung seiner Verpflichtungen im laufenden Betrieb in geeigneter Weise nach,

e)

gestattet der D-MSA oder einer von ihr beauftragten Stelle, die praktische Umsetzung seiner Verpflichtungen zu überprüfen,

f)

informiert unverzüglich die D-CA oder eine ihrer autorisierten Stellen über alle sicherheitsrelevanten Vorfälle bei der Produktion, Personalisierung und beim Einsatz ihrer Geräte sowie der in diese eingebrachten Schlüssel und Zertifikate.

[r3.5]

Der **Karteninhaber/Antragsteller** ist verpflichtet:

a)

wahrheitsgemäße Angaben über die Antragsdaten zu machen,

b)

bei Antragstellung wahrheitsgemäße Angaben über vorhandene Karten und Kartenarten zu machen,

c)

auf geeignete Weise sicherzustellen, dass seine Karte nur für den vorgesehenen Zweck benutzt wird und Missbrauch, insbesondere durch Dritte, verhindert wird,

d)

sicherzustellen, dass er nur in Besitz einer einzigen, gültigen Fahrerkarte ist,

e)

beschädigte und abgelaufene Karten nicht zu verwenden,

f)

Verlust, Diebstahl, Beschädigung oder Missbrauch der Karte bzw. des jeweiligen privaten Schlüssels oder den Verdacht darauf der jeweils zuständigen Stelle zu melden.

[r3.6]

Hersteller von Fahrzeugeinheiten und **Hersteller von Weg-/Geschwindigkeitsgebern** stellen insbesondere sicher, dass sie

a)

die für sie relevanten Anforderungen der VO (EG) 3821/85, VO (EG) 2135/98 und VO (EG) 1360/2002, aller hierfür relevanten sonstigen Gesetze und Rechtsverordnungen, insbesondere dieser D-MSA-Policy einhalten, nach bestem Wissen und dem jeweils aktuellen Stand der Technik,

aa)

dass die in die von ihnen hergestellten Geräte einzubringenden oder eingebrachten Schlüssel und Zertifikate nur für deren ordnungsgemäße Zwecke im Rahmen der VO (EG) 3821/85, VO (EG) 2135/98 und VO (EG) 1360/2002 genutzt werden können,

ab)

Vorkehrungen treffen, die Geheimhaltung der privaten Schlüssel bzw. geheimen Schlüssel während des gesamten Produktionsprozesses und während der gesamten Nutzungsdauer der Geräte zu gewährleisten,

b)

der D-MSA alle ggf. mit der Wahrnehmung von wesentlichen Aufgaben im Zusammenhang mit der Produktion und der Personalisierung ihrer Geräte beauftragten externen Dienstleister nennen und diese zur Einhaltung der entsprechenden Anforderungen verpflichten. Sofern der Hersteller Aufgaben an Dritte weitergibt, bleiben seine Rechte und Pflichten davon unberührt,

c)

ein PS erstellen, in dem mindestens die Art der Umsetzung der D-MSA-Policy, der Root-Policy und der gesetzlichen Regelungen erläutert wird,

d)

der D-MSA oder einer von ihr autorisierten Stelle unverzüglich alle ihnen bekannt gewordenen sicherheitsrelevanten Vorfälle im Zusammenhang mit der Produktion, Personalisierung und Nutzung ihrer Geräte sowie der in diese eingebrachten Schlüssel und Zertifikate mitteilen,

e)

der D-MSA oder einer von ihr beauftragten Stelle gestattet, die praktische Umsetzung seiner Verpflichtungen zu überprüfen,

f)

sich einem Prozess zur Aufrechterhaltung der Vertrauenswürdigkeit der IT-Sicherheitszertifikate nach dem BSI Zertifizierungsschema zu unterziehen. Dies beinhaltet die Überwachung der zertifizierten Produkte auf einer regelmäßigen Basis (1 Jahr) betreffend die Resistenz gegen relevante Bedrohungen in Übereinstimmung mit den Sicherheitszielen. Das BSI unterrichtet die D-MSA über die Ergebnisse.

[r3.7]

Hersteller von Kontrollgerätkarten oder Lieferanten – soweit sie IT-Sicherheitszertifikate erhalten haben – müssen sich für das Composite-Smartcard-Produkt einem Prozess zur Aufrechterhaltung der Vertrauenswürdigkeit der IT-Sicherheitszertifikate nach dem BSI Zertifizierungsschema unterziehen. Dies beinhaltet die Überwachung der zertifizierten Composite-Smartcard-Produkte auf einer regelmäßigen Basis (1 Jahr) betreffend die Resistenz gegen relevante Bedrohungen in Übereinstimmung mit den Sicherheitszielen. Das BSI unterrichtet die D-MSA über die Ergebnisse.

3.2

Besondere Rechtsvorschriften

Die D-CA/D-CP und die ggf. von ihr beauftragten externen Dienstleister erfüllen ihre Aufgaben im Einklang mit geltendem Recht, insbesondere mit der VO (EG) 3821/85, VO (EG) 2135/98 und VO (EG) 1360/2002 und den zum Zwecke ihrer Umsetzung erlassenen nationalen Rechtsvorschriften. Die in diesem Abschnitt genannten Rechtsvorschriften erheben keinen Anspruch auf Vollständigkeit.
[r3.8]

Datenschutz

Die D-CA/D-CP stellt sicher, dass im Rahmen ihres Einflussbereichs die Vorschriften des Bundesdatenschutzgesetzes und entsprechender weiterer datenschutzrechtlicher Vorschriften für den Umgang mit personenbezogenen Daten eingehalten werden.
[r3.9]

Elektronische Signaturen

Die bei der D-CA produzierten Zertifikate dienen zur Verifizierung von Elektronischen Signaturen im Sinne des Gesetzes über Rahmenbedingungen für Elektronische Signaturen (Signaturgesetz). Die Zertifikate sind nicht qualifizierte Zertifikate im Sinne des Signaturgesetzes. Die D-CA stellt sicher, dass sie und die von ihr beauftragten externen Dienstleister die hieraus resultierenden Anforderungen (§ 14) des Signaturgesetzes einhalten.

4

Practice Statement (PS)

[r4.1]
Die D-CA, der D-CP, die Hersteller von Fahrzeugeinheiten und die Hersteller von Weg-/Geschwindigkeitsgebern erstellen und pflegen ein PS, in dem in Form von konkret umzusetzenden Maßnahmen dargestellt wird, wie die Einhaltung dieser D-MSA-Policy, der Root-Policy und der für ihre Tätigkeit relevanten gesetzlichen Regelungen im Betrieb gewährleistet ist. Dieses PS enthält eine tabellarische Übersicht, aus der ersichtlich wird, wo die Anforderungen dieser Policy im PS umgesetzt werden.
[r4.2]
Das PS muss alle externen Dienstleister und ihre konkreten Aufgaben benennen sowie darlegen, welche der an die D-CA, den D-CP, die Hersteller von Fahrzeugeinheiten und die Hersteller von Weg-/Geschwindigkeitsgebern

zu stellenden Anforderungen von diesen Dienstleistern einzuhalten sind.
[r4.3]
Das PS muss darlegen, wie die D-CA, der D-CP, die Hersteller von
Fahrzeugeinheiten und die Hersteller von Weg-/Geschwindigkeitsgebern
ihren Informationspflichten nachkommen.
[r4.4]
Im PS muss ein Revisionsprozess beschrieben sein, der sicherstellt, dass
das PS stets dem aktuellen Stand der Gesetzgebung, der Technik und den
aktuellen Gegebenheiten bei der D-CA, der D-CP, den Herstellern von
Fahrzeugeinheiten und den Herstellern von Weg-/Geschwindigkeitsgebern
und ihren externen Dienstleistern entspricht.
[r4.5]
Die D-CA, der D-CP, die Hersteller von Fahrzeugeinheiten und die Hersteller
von Weg-/Geschwindigkeitsgebern legen der D-MSA ihr PS zur
Genehmigung vor. Wesentliche Änderungen des PS bedürften ebenfalls der
Genehmigung der D-MSA. Die D-CA, der D-CP, die Hersteller von
Fahrzeugeinheiten und die Hersteller von Weg-/Geschwindigkeitsgebern
stellen sicher, dass die D-MSA stets über die aktuelle Version des PS verfügt.
[r4.6]
Das PS enthält eine genaue Auflistung von Ereignissen, die als Verdacht auf
Schlüsselkompromittierung angesehen werden. Diese Auflistung ist
vertraulich zu behandeln.
Auf die Erstellung von einzelnen Practice-Statements durch die D-CIAs wird
wegen der Anzahl von über 600 D-CIAs verzichtet. Entsprechende
ergänzende Regelungen für die D-CIAs wurden in die Abschnitte 3 und 5
dieser D-MSA-Policy aufgenommen.

5

Karten- und Gerätemanagement
[r5.1]
Die D-CA stellt nach den Vorgaben der D-MSA und gemeinsam mit dieser
innerhalb ihres Einflussbereichs sicher, dass die von ihr produzierten
Zertifikate und die von ihr ausgelieferten geheimen Schlüssel entsprechend
ihrem Verwendungszweck nur in Kontrollgerätkarten und Kontrollgeräte
eingebracht und eingesetzt werden, die den Anforderungen der VO (EG)
3821/85, VO (EG) 2135/98 und VO (EG) 1360/2002 genügen.
[r5.2]
Die D-CA verweigert die Auslieferung von Schlüsseln und Zertifikaten, wenn
die Gefahr eines Missbrauchs von Schlüsseln und Zertifikaten vorliegt.
[r5.3]
Die D-CIA gewährleistet die Einhaltung des von der D-MSA entsprechend
den Vorgaben der VO (EG) 3821/85, VO (EG) 2135/98 und VO (EG)
1360/2002 definierten Antrags- und Auslieferungsverfahrens für
Kontrollgerätkarten.
[r5.4]
Die D-CIA stellt innerhalb ihres Einflussbereiches sicher, dass die Ausstellung

von Ersatzkarten und die Kartenerneuerung nur unter den in der VO (EG) 3821/85, VO (EG) 2135/98 und VO (EG) 1360/2002 genannten Voraussetzungen erfolgt und dass die dafür vorgeschriebenen Fristen eingehalten werden können.

[r5.5]

Der D-CP stellt sicher, dass die Kontrollgerätkarten logisch entsprechend der Vorgaben der VO (EG) 3821/85, VO (EG) 2135/98 und VO (EG) 1360/2002 personalisiert werden. Dabei ist insbesondere die Integrität der aufgebrachten Daten zu wahren.

[r5.6]

Die D-CA, der D-CP und die Hersteller stellen innerhalb ihres jeweiligen Einflussbereiches sicher, dass private und geheime Schlüssel in einer gesicherten Produktionsumgebung aufbewahrt und eingesetzt werden.

[r5.7]

Die D-CIA stellt dem zentralen Register beim KBA die relevanten Daten zur Verfügung, damit nachvollzogen werden kann, welche Karte welchem Inhaber/Nutzer ausgestellt wurde.

[r5.8]

Die D-CIA stellt sicher, dass personalisierte Karten innerhalb der durch die VO (EG) 3821/85, VO (EG) 2135/98 und VO (EG) 1360/2002 vorgegebenen Fristen sicher und nachvollziehbar an ihre Inhaber/Nutzer ausgeliefert werden. Voraussetzung für die Ausstellung einer personalisierten Karte an einen Inhaber/Nutzer ist, dass dieser entweder bei Antragstellung und/oder bei Kartenübergabe persönlich identifiziert wurde. Sofern Karten nicht auf eine natürliche Person ausgestellt werden, muss der Antragsteller und der Empfänger der Karten eine ausreichende Legitimation nachweisen können.

[r5.9]

Der D-CP stellt sicher, dass Werkstattkarten mit einer PIN gemäß den Vorgaben der VO (EG) 3821/85, VO (EG)2135/98 und VO (EG) 1360/2002 ausgestattet werden.

[r5.10]

Die Generierung der PIN erfolgt in einem gegen unautorisierte Zugriffe abgesicherten System. Dieses System verhindert, dass nachträglich eine Zuordnung von PIN und Werkstattkarte erfolgen kann. Die PIN wird nach ihrer Generierung auf einem angeschlossenen Drucker ausgedruckt, in einem Briefumschlag (PIN-Brief) verschlossen und nur an die Person ausgeliefert, für die die Werkstattkarte ausgestellt wurde.

Das zur PIN-Generierung und PIN-Brieferstellung benutzte System muss zumindest die Anforderungen von ITSEC E3, Common Criteria EAL 4, FIPS 140-2 (oder 140-1) Level 3 oder höher [FIPS] oder einem äquivalenten IT-Sicherheitskriterienwerk erfüllen oder nachweislich durch andere Maßnahmen eine gleichwertige Sicherheit gewährleisten.

[r5.11]

Die Versendung der PIN-Briefe muss getrennt von den personalisierten Karten erfolgen. Sie kann auf normalem Postweg erfolgen.

[r5.12]
Die Rekonstruktion einer PIN ist auszuschließen.

6 Schlüsselmanagement in der D-CA

Dieser Abschnitt enthält Anforderungen für den Umgang der D-CA mit folgendem Schlüsselmaterial (in Klammern die in der VO (EG) 3821/85, VO (EG) 2135/98 und VO (EG) 1360/2002 ggf. hierfür verwendeten Kürzel):

- der öffentliche Schlüssel der Root-CA (EUR.PK),

- das Schlüsselpaar der D-CA (MS.SK, MS.PK),

- symmetrische Schlüssel für Weg-/Geschwindigkeitsgeber (Km, Km_{WC}, Km_{VU}),

- ggf. Transportschlüssel zur Kommunikation mit der Root-CA und

- ggf. eigene Transportschlüssel der D-CA.

Die D-CA stellt die Vertraulichkeit und Integrität aller bei ihr erzeugten, verwendeten und/oder gespeicherten nichtöffentlicher Schlüssel sicher und verhindert wirksam jeglichen Missbrauch dieser Schlüssel. Hierzu hat sie besonders geeignete technische Systeme einzusetzen, die eine der folgenden Anforderungen erfüllen:

- FIPS 140-2 (oder 140-1); Level 3 oder höher [FIPS],

- CEN Workshop Agreement 14176-2 [CEN],

- Zertifizierung nach EAL 4 oder höher [CC] in Verbindung mit ISO 15408 [CC] oder E3 oder höher [ITSEC] auf der Grundlage eines Schutzprofils oder von Sicherheitsvorgaben („security targets"), die die Anforderungen dieser D-MSA-Policy – basierend auf einer umfassenden Risikoanalyse – auch infrastrukturelle und nichttechnische Sicherheitsmaßnahmen erfasst,

- äquivalente Sicherheitskriterien, die nachweislich eine gleichwertige Sicherheit gewährleisten.

Ebenso ist aufzuzeigen, dass diese Systeme bei der D-CA in einer ausreichend sicheren Betriebsumgebung eingesetzt werden.

6.1 Öffentlicher Schlüssel der Root-CA (EUR.PK)

[r6.1]
Die D-CA stellt sicher, dass in ihrem laufenden Betrieb Integrität und Verfügbarkeit des Schlüssels EUR.PK sichergestellt sind.

[r6.2]

Der D-CP und die Hersteller stellen sicher, dass EUR.PK in alle Kontrollgerätkarten und Fahrzeugeinheiten in ihrem Einflussbereich eingebracht werden.

6.2 Schlüsselpaar der D-CA (MS.SK, MS.PK)

[r6.3]

Die D-CA muss verschiedene Mitgliedstaatenschlüsselpaare für die Produktion von Zertifikaten für Fahrzeugeinheiten (unbegrenzte Gültigkeit) und öffentlichen Schlüssel-Zertifikaten für Kontrollgerätkarten (begrenzte Gültigkeit) besitzen.

[r6.4]

Die D-CA stellt sicher, dass MS.SK ausschließlich zur Erstellung von Zertifikaten für Kontrollgerätkarten, Fahrzeugeinheiten und für die Produktion des ERCA-Zertifikatsantrags (KCR) verwendet wird. Dies beinhaltet insbesondere die Geheimhaltung des privaten Schlüssels MS.SK.

[r6.5]

Die Erzeugung des D-CA-Schlüsselpaars darf nur bei aktiver Mitwirkung von mindestens drei unterschiedlichen Personen innerhalb der D-CA erfolgen. Eine dieser Personen muss die Rolle des CA-Administrators einnehmen, die beiden anderen müssen jeweils eine andere der in dieser D-MSA-Policy beschriebenen Rollen wahrnehmen.

[r6.6]

Die D-CA sollte – im Rahmen der Vorgaben der Root-Policy – eine angemessene Anzahl von Ersatz-Schlüsselpaaren mit den zugehörigen Zertifikaten vorhalten, um bei Nichtverfügbarkeit des aktuellen Schlüssels einen schnellen Schlüsselwechsel auch ohne aktive Mitwirkung der Root-CA durchführen zu können. Sollten mehrere aktuelle Schlüsselpaare vorliegen, stellt die D-CA sicher, dass stets der richtige Schlüssel verwendet wird.

[r6.7]

Jeder private Schlüssel MS.SK darf höchstens zwei Jahre eingesetzt werden. Nach Ende seiner Verwendungsdauer ist er von der D-CA so zu vernichten, dass ein künftiger Gebrauch oder Missbrauch ausgeschlossen ist.

[r6.8]

Die Gültigkeitsdauer der öffentlichen Mitgliedstaatenschlüssel MS.PK ist unbegrenzt.

[r6.9]

Die D-CA hat den privaten Schlüssel und alle Ersatzschlüssel durch technisch-organisatorische Maßnahmen wirksam vor Missbrauch, Veränderung und unbefugter Kenntnisnahme zu schützen.

[r6.10]

Die D-CA verhindert durch technisch-organisatorische Maßnahmen wirkungsvoll, dass ein Zugriff auf MS.SK durch eine einzelne Person allein erfolgen kann („4-Augen-Prinzip").

[r6.11]

Es findet keine Schlüsselhinterlegung von MS.SK statt, d. h. einschließlich Geräteschlüssel.
[r6.12]
Das PS der D-CA soll eine explizite Vorgehensweise für den Fall enthalten, dass eine Kompromittierung von MS.SK stattgefunden hat oder der begründete Verdacht dazu besteht. Diese Vorgehensweise soll auch Anweisungen an externe Dienstleister und Informationen an Kartenbesitzer und Gerätehersteller enthalten.
Im Falle, dass die Schlüssel EUR.SK, MS.SK, Km, Km_{WC}, Km_{VU} kompromittiert wurden oder der begründete Verdacht dazu besteht, sind die D-MSA und die Root-CA unverzüglich zu informieren.
In anderen Fällen von Schlüsselkompromittierung oder des begründeten Verdachts der Schlüsselkompromittierung sind geeignete Maßnahmen zu ergreifen und die betroffenen Institutionen zu informieren.
[r6.13]
Die D-CA stellt in Kooperation mit der Root-CA sicher, dass sie zu jedem Zeitpunkt über ein gültiges Schlüsselpaar (MS.SK, MS.PK) mit zugehörigem Zertifikat verfügt.
[r6.14]
Die D-CA reicht die öffentlichen Mitgliedstaatenschlüssel zur Zertifikation bei der ERCA ein in Form des Zertifikatsantrags (KCR), wie in Anhang A der Digital Tachograph System European Root Policy beschrieben.
[r6.15]
Die D-CA erkennt den öffentlichen ERCA-Schlüssel in dem in Anhang B der Digital Tachograph System European Root Policy beschriebenen Auslieferungsformat an.
[r6.16]
Die D-CA verwendet für den Schlüssel- und Zertifikatetransport die physikalischen Medien, die im Anhang C der Digital Tachograph System European Root Policy beschrieben sind.

6.3

Symmetrische Schlüssel für Werkstattkarten und Weg-/Geschwindigkeitsgeber (Km, Km_{WC}, Km_{VU})

[r6.17]
Die D-CA fordert bei Bedarf von der Root-CA die Weg-/Geschwindigkeitsgeber-Schlüssel Km, Km_{WC}, Km_{VU} an. Für Anforderung und Auslieferung dieser Schlüssel zwischen Root-CA und D-CA sind die Bestimmungen der Root-CA einzuhalten.
[r6.18]
Die D-CA stellt durch geeignete Maßnahmen sicher, dass die Schlüssel Km_{WC} und Km_{VU} nur an die hierfür vorgesehenen Empfänger weitergegeben werden und sichert diese Weitergabe durch geeignete Maßnahmen. Die D-MSA überwacht die Sicherheitsmaßnahmen der D-CA.
Die D-CA stellt sicher, dass der Schlüssel Km nicht weitergegeben wird.

[r6.19]

Im Falle, dass eine Kompromittierung eines der Schlüssel Km_{WC} oder Km_{VU} oder insbesondere von Km stattgefunden hat oder dass der begründete Verdacht hierauf vorliegt, informiert die D-CA unverzüglich die D-MSA und die Root-CA von diesem Sachverhalt.

[r6.20]

Die D-CA fordert die Weg-/Geschwindigkeitsgeber-Schlüssel unter Verwendung des Protokolls der Schlüsselauslieferungsanforderung (KDR), beschrieben in Anhang D der ERCA-Policy, bei der ERCA an.

6.4 Transportschlüssel der Root-CA

[r6.21]

Für den Fall, dass die Root-CA der D-CA zur Absicherung der gegenseitigen Kommunikation kryptographische Schlüssel zur Verfügung stellt, so ist deren Vertraulichkeit und Integrität von der D-CA wirksam zu schützen sowie jeglicher Missbrauch wirksam zu verhindern.

6.5 Eigene Transportschlüssel der D-CA

[r6.22]

Für den Fall, dass die D-CA ihren Kommunikationspartnern (etwa Personalisierer, Gerätehersteller ...) zur Absicherung der gegenseitigen Kommunikation kryptographische Schlüssel zur Verfügung stellt, so ist deren Vertraulichkeit und Integrität von der D-CA wirksam zu schützen sowie jeglicher Missbrauch wirksam zu verhindern.

Die D-CA verpflichtet ihre Kommunikationspartner dazu, in deren Einflussbereich gleichwertige Sicherheitsvorkehrungen zum Schutz der Schlüssel zu treffen.

7 Schlüsselmanagement asymmetrischer Karten- und Geräteschlüssel

Dieser Abschnitt enthält Anforderungen für die Erzeugung und den Umgang mit asymmetrischen kryptographischen Schlüsseln für Kontrollkarten und Kontrollgeräte und die zugehörigen Zertifikate. Anforderungen für die symmetrischen Schlüssel Km, Km_{WC}, Km_{VU} finden sich in Abschnitt 6.3.

7.1 Allgemeine Anforderungen, Protokollierung

[r7.1]

D-MSA, D-CA, D-CP und Hersteller stellen innerhalb ihres Einflussbereichs sicher, dass Initialisierung, Beschlüsselung und Personalisierung der Karten und Kontrollgeräte in besonders abgesicherten Produktionsumgebungen erfolgen. Der Zutritt zu diesen Bereichen muss wirksam beschränkt und kontrollierbar sein. Die Administration der entsprechenden Systeme muss die Anwesenheit von mindestens zwei gemäß Rollenkonzept verantwortlichen Personen erfordern.

Jeder Zutritt zu den Systemen, jeder Zugriff auf die Systeme sowie alle von

den Systemen vorgenommenen Aktionen müssen revisionssicher so protokolliert werden, dass die Verfügbarkeit und Integrität der Protokollierung auch im Falle einer Schlüsselkompromittierung sichergestellt ist.
[r7.2]
D-MSA, D-CA, D-CP und Hersteller stellen innerhalb ihres Einflussbereiches sicher, dass bei der Initialisierung, Beschlüsselung und Personalisierung der Karten und Kontrollgeräte sicherheitskritische Informationen wie private Schlüssel u. Ä. entsprechend der Anforderungen der VO (EG) 3821/85, VO (EG) 2135/98 und VO (EG) 1360/2002 und der D-MSA-Policy geschützt werden.
[r7.3]
Die D-MSA verpflichtet etwaige externe Dienstleister dazu, die übernommenen Aufgaben vollständig getrennt von ihren sonstigen Tätigkeiten wahrzunehmen. Dies gilt insbesondere dann, wenn der Dienstleister auch für die CAs anderer Mitgliedstaaten Aufgaben übernimmt. Die D-MSA verpflichtet etwaige externe Dienstleister dazu, ihre Tätigkeit gemäß [r7.1] revisionssicher zu protokollieren und der D-MSA auf Anforderung Einblick in die Protokollierung zu gestatten.
[r7.4]
Die bei der Personalisierung von Karten und Kontrollgeräten aufgenommenen Protokollierungen müssen eine Zuordnung der jeweiligen Aktion zur zugehörigen Karten-/Gerätenummer und zum zugehörigen Zertifikat erlauben.

7.2

Schlüsselerzeugung
[r7.5]
D-MSA, D-CA, D-CP und Hersteller stellen innerhalb ihres Einflussbereiches sicher, dass die Erzeugung der Schlüssel in einer besonders abgesicherten Produktionsumgebung erfolgt, die insbesondere die Geheimhaltung des jeweiligen privaten Schlüssels gewährleistet. Für die dabei einzusetzenden Geräte gelten die gleichen Anforderungen wie für die zur Erzeugung des Schlüsselpaars der D-CA eingesetzten Geräte.
[r7.6]
D-MSA, D-CA, D-CP und Hersteller stellen innerhalb ihres Einflussbereiches sicher, dass private Schlüssel unmittelbar nach ihrer Einbringung in die jeweiligen Karten oder Geräte dauerhaft aus den Speichern der Schlüsselerzeugungs- und Personalisierungssysteme gelöscht werden, sofern die Schlüsselgenerierung nicht direkt im Chip erfolgt.
[r7.7]
Die D-CA stellt sicher, dass innerhalb ihres Verantwortungsbereiches das Auftreten von Schlüsselduplikaten mit hoher Wahrscheinlichkeit ausgeschlossen ist.
[r7.8]
Die Schlüsselerzeugung kann auf Vorrat erfolgen („Batch-Verfahren"), sofern durch technisch-organisatorische Maßnahmen sichergestellt ist, dass ein

Missbrauch der vorgehaltenen Schlüsselpaare wirksam verhindert wird. Der Schlüsselvorrat darf die Produktionsmenge eines Monats nicht überschreiten.

7.3 Schlüsselverwendung

[r7.9]

D-MSA, D-CA, D-CP und Hersteller stellen innerhalb ihres Einflussbereiches sicher, dass die jeweiligen privaten Schlüssel ausschließlich zum Zwecke ihrer Bestimmung gemäß der VO (EG) 3821/85, VO (EG) 2135/98 und VO (EG) 1360/2002 genutzt werden können. Dies schließt insbesondere ein, dass nach Beendigung des Personalisierungsvorgangs keine Kopien dieser Schlüssel außerhalb der gesicherten Umgebungen der Kontrollkarten und Kontrollgeräte existieren.

[r7.10]

Der D-CP stellt innerhalb seines Einflussbereiches sicher, dass nur solche Karten ausgeliefert werden, bei denen optische und logische Personalisierung jeweils korrekt auf den Karteninhaber verweisen.

[r7.11]

Von den geheimen Mitgliedstaatenschlüsseln kann ein Backup gefertigt werden unter Verwendung einer Schlüsselwiederherstellungsprozedur im mind. 4-Augen-Prinzip.

[r7.12]

Die D-CA und der D-CP stellen innerhalb ihres Einflussbereiches sicher, dass private Schlüssel nach Ablauf der Nutzungsdauer einer Kontrollgerätkarte nicht weiter genutzt werden können.

8 Zertifikatsmanagement

Dieser Abschnitt enthält Anforderungen an die Erstellung und Verwendung der von der D-CA erzeugten Zertifikate während des Lebenszyklus der betreffenden Kontrollgerätkarten und Kontrollgeräte.

8.1 Registrierung

[r8.1]

Die D-CA stellt innerhalb ihres Einflussbereichs sicher, dass vor der Ausstellung eines Zertifikats eine ordnungsgemäße Registrierung des D-CP bzw. des Herstellers von Fahrzeugeinheiten in den dafür zuständigen Stellen stattgefunden hat.

[r8.2]

Insbesondere stellt dabei der D-CP sicher, dass die Registrierungsdaten eine eindeutige Zuweisung der „Certificate Holder Reference" nach Anforderung CSM_017 aus Anlage 11 zu Anhang I (B) der VO (EG) 2135/98 ermöglicht.

[r8.3]

Sofern die Schlüsselgenerierung außerhalb der D-CA stattfindet, erstellt die D-CA das beantragte Zertifikat nur dann, wenn der D-CP bzw. der Hersteller von Fahrzeugeinheiten gemäß einem vorab vereinbarten Verfahren nachgewiesen hat, dass er über den zugehörigen privaten Schlüssel verfügt.

Der private Schlüssel soll dabei die gesicherte Umgebung der Schlüsselgenerierung nicht verlassen.

8.2 Zertifikatserteilung

[r8.4]

Die D-CA erstellt Zertifikate nur dann, wenn ein ordnungsgemäßer Zertifikatsantrag einer dafür bevollmächtigten Stelle vorliegt und wenn bei der Antragstellung alle Anforderungen der VO (EG) 3821/85, VO (EG) 2135/98 und VO (EG) 1360/2002 und aller damit zusammenhängender Rechtsvorschriften und Vereinbarungen eingehalten worden sind. Bei einem automatisierten Verfahren ist eine Zertifikatserstellung durch manuellen Eingriff in das System auszuschließen.

[r8.5]

Die D-CA stellt innerhalb ihres Einflussbereichs sicher, dass die von ihr erstellten Zertifikate nur an den D-CPbzw. den Hersteller von Fahrzeugeinheiten übermittelt werden.

[r8.6]

Die D-CA erstellt Zertifikate nur für solche Geräte und Karten, für die eine Bauartgenehmigung ausgestellt wurde.

[r8.7]

Schlüsselzertifikats-Anforderungen, die auf dem Transport von geheimen Schlüsseln beruhen, sind nicht erlaubt.

8.3 Zertifikatgültigkeit

[r8.8]

Die Gültigkeitsdauer der von der D-CA ausgestellten Zertifikate soll die maximale Verwendungsdauer der zugehörigen Karten bzw. Geräte nicht überschreiten. Zertifikate für:

- Fahrerkarten sollen nicht länger als 5 Jahre,

- Werkstattkarten nicht länger als 1 Jahr,

- Kontrollkarten nicht länger als 5 Jahre,

- Unternehmenskarten nicht länger als 5 Jahre

gerechnet vom Zeitpunkt des Beginns der Gültigkeit der jeweiligen Karte gelten.

Zertifikate für Fahrzeugeinheiten haben eine unbegrenzte Gültigkeitsdauer.

8.4 Zertifikatinhalte und -formate

[r8.9]

Inhalte und Formate der von der D-CA erstellten Zertifikate entsprechen den Anforderungen der VO (EG) 3821/85, VO (EG) 2135/98 und VO (EG) 1360/2002, insbesondere den in Anlage 11 zum Anhang I (B) genannten

Spezifikationen.

Die D-CA produziert alle von ihr erstellten Zertifikate mit dem privaten Signaturschlüssel (MS.SK).

Die D-MSA stellt sicher, das der Key Identifier (KID) und Modulus (n) von Schlüsseln, die der ERCA zur Zertifizierung und für die Anforderung von Weg-/Geschwindigkeitsgeber-Schlüssel vorgelegt werden, einmalig innerhalb des Einflussbereichs der D-CA sind.

8.5 Informationspflichten der D-CA

[r8.10]

Die D-CA übergibt alle Zertifikatsdaten an D-CP und Hersteller, so dass Zertifikate, Geräte bzw. Karten und Karteninhaber miteinander verknüpft werden.

[r8.11]

Sofern bestimmte Stellen ein berechtigtes Interesse an speziellen, nicht öffentlichen Informationen zur Tätigkeit der D-CA oder ihrer externen Auftragnehmer haben und keine Vorschriften oder keine Sicherheitsbedenken dieser Auskunftserteilung entgegenstehen, stellt die D-CA diese Informationen in Abstimmung mit der D-MSA schnellstmöglich und korrekt zur Verfügung.

[r8.12]

Das Betriebskonzept der D-CA ist vertraulich zu behandeln. Informationen daraus dürfen in Absprache mit der D-MSA vor Ort bei der D-CA eingesehen, wenn ein nachgewiesenes, berechtigtes Interesse vorliegt und die Vertraulichkeit der Informationen auch beim Empfänger hinreichend geschützt ist.

[r8.13]

Die D-CA führt die Zertifikatstatusinformationen und stellt sie zur Verfügung.

9 Informations-Sicherheit

9.1 Informations-Sicherheitsmanagement (ISMS)

[r9.1]

Die D-CA/der D-CP und alle ggf. von ihr beauftragten Dienstleister etablieren ein geeignetes Informations-Sicherheitsmanagement-System (ISMS), durch das die informationstechnische Sicherheit aller für die Aufgaben der D-CA/des D-CP relevanten Tätigkeiten dauerhaft gewährleistet ist.

Die Vorgehensweisen sollen den Anforderungen von [ISO] 27001:2006 sowie [GSHB] genügen.

[r9.2]

Die D-CA/der D-CP stellt sicher, dass für alle im Zusammenhang mit der D-CA/des D-CP relevanten IT-Systemeund Informationen eine Schutzbedarfsfeststellung nach [GSHB] durchgeführt wird.

[r9.3]

Für die Tätigkeit der D-CA/des D-CP ist ein Sicherheitskonzept zu erstellen.

Dieses Konzept ist mit dem Betriebskonzept abzustimmen.
[r9.4]
Erstellung und Aktualisierung des Betriebskonzepts sind Bestandteil des
Informations-Sicherheitsmanagements.

9.2

Besondere Anforderungen an das Sicherheitskonzept
Der folgende Abschnitt stellt innerhalb des Sicherheitskonzepts *besonders*zu
beachtende Gesichtspunkte zusammen. Er ist *nicht*als abschließende
Aufzählung von dessen Inhalten gedacht.
[r9.5]
Die D-CA/der D-CP stellt sicher, dass nur zuverlässiges und ausreichend
qualifiziertes Personal mit den erforderlichen Tätigkeiten betraut wird. Dies
gilt auch für das Personal bei externen Auftragnehmern.
[r9.6]
Die für die Tätigkeit der D-CA/des D-CP und ggf. externer Dienstleister
eingesetzten IT-Systeme müssen so betrieben werden, dass mögliche
Schädigungen durch Viren und andere schadhafte Codes weitestgehend
verhindert sowie die möglichen Folgen von Schäden und Störungen minimiert
werden.
Die Systeme müssen über wirksame Zugangskontrollen verfügen und
insbesondere die in dieser Policy und den zugehörigen Sicherheits- und
Betriebskonzepten beschriebenen Rollenkonzepte wirksam implementieren.
[r9.7]
Die Initialisierung von Systemen, die den privaten Signaturschlüssel der D-CA
oder die geheimen symmetrischen Schlüssel Km_{VU}, Km_{WC}oder Km
enthalten, darf nur in Kooperation von zwei Personen erfolgen, welches durch
organisatorische Maßnahmen sichergestellt wird.
[r9.8]
Die D-CA/der D-CP soll für ihre/seine Aufgaben vertrauenswürdige Systeme
und Software einsetzen, die durch geeignete Maßnahmen wirksam gegen
unautorisierte Veränderungen geschützt sind.
Sofern speziell entwickelte Soft- oder Hardware eingesetzt wird, müssen die
relevanten Sicherheitsvorgaben bereits im Entwicklungsprozess
nachvollziehbar berücksichtigt werden.
Bei allen Veränderungen der eingesetzten Soft- und Hardware müssen
dokumentierte Kontrollmechanismen umgesetzt werden.
[r9.9]
Die innerhalb der D-CA/des D-CP eingesetzten Netzwerke und die dort
gespeicherten und verarbeiteten Daten sind durch besondere
Schutzmechanismen (wie z. B. Firewalls) gegen externe Zugriffe zu schützen.
[r9.10]
Alle sicherheitsrelevanten Aktionen und Prozesse auf den für die Tätigkeit der
D-CA/des D-CP relevanten IT-Systemen sind so zu protokollieren, dass sich
der zugehörige Zeitpunkt und die entsprechenden Personen mit
hinreichender Sicherheit nachvollziehen lassen. Dazu gehören zumindest:

- das Einrichten von Benutzerbereichen (Accounts),

- alle Transaktions-Anforderungen (Account des Anfordernden, Typ, Status (erfolgreich/nicht erfolgreich), Gründe für das Fehlschlagen usw.),

- Software-Installationen und -Updates,

- Hardware-Modifikationen,

- Herunterfahren und Neustarts des Systems,

- Zugriff auf Audits und Archive.

[r9.11]
Die Protokolle sind gegen Veränderung und unberechtigten Zugriff zu schützen. Sie sollen regelmäßig und anlassbezogen ausgewertet und analysiert werden.

[r9.12]
Die Protokolldaten sollen für mindestens 7 Jahre so aufgehoben werden, dass eine Auswertung während dieser Zeitspanne jederzeit möglich ist.

[r9.13]
Die D-CA/der D-CP erstellt einen Notfallplan, in dem das Verhalten bei schwerwiegenden Notfällen wie einer Schlüsselkompromittierung oder beim Verlust oder Ausfall von relevanten Daten und/oder IT-Systemen festgelegt ist.

[r9.14]
Die D-CA/der D-CP gewährleistet einen ausreichenden infrastrukturellen und physischen Schutz ihrer/seiner Daten und IT-Systeme. Dieser umfasst insbesondere einen ausreichenden Zutrittsschutz für sicherheitsrelevante Bereiche.
Bereiche, in denen private und geheime Schlüssel erzeugt, aufbewahrt und verarbeitet werden, müssen durch besondere Maßnahmen geschützt werden.

9.3

Rollentrennung

[r9.15]
Durch die Einrichtung von Rollenkonzepten soll verhindert werden, dass einzelne Personen Sicherheitsvorkehrungen der D-CA/des D-CP umgehen. Hierzu werden den einzelnen Rollen jeweils beschränkte Rechte und Pflichten zugewiesen. Die genaue Ausgestaltung hängt von den konkreten Abläufen bei der D-CA/dem D-CP ab und bleibt dem Betriebskonzept der D-CA/des D-CP vorbehalten.
Folgende Rollen sind in der D-CA aber mindestens vorzusehen:

- D-CA-Verantwortlicher (CA-R)

- PIN-Verwalter (PV)

- IT-Sicherheitsbeauftragter (ISSO)

Keine Person der vorstehenden Rollen darf gleichzeitig mehr als eine dieser Rollen wahrnehmen.

- CA-Administrator (CAA)

- Key-Manager (KM)

Jede dieser Rollen ist mit mindestens einer Person zu besetzen; mindestens ein Vertreter ist zu benennen.

Folgende Rollen sind beim D-CP aber mindestens vorzusehen:

- D-CP-Verantwortlicher (CP-R)

- System Administrator (SysAdmin)

- IT-Sicherheitsbeauftragter (ISSO)

- Key-Manager (KM)

Keine Person darf gleichzeitig mehr als eine dieser Rollen wahrnehmen.
Jede dieser Rollen ist mit mindestens einer Person zu besetzen; mindestens ein Vertreter ist zu benennen.
Die Inhaber dieser Rollen sind von den IT-Systemen der D-CA/des D-CP zuverlässig zu authentifizieren.
[r9.16]
Die CA-R/CP-R-Rolle umfasst:

- Er ist für den sicheren und störungsfreien Betrieb der D-CA bzw. des D-CP als Organisation zuständig.

- Er vertritt die Organisation nach außen und ist in der D-CA/D-CP-Organisation weisungsbefugt.

- Er ist nicht direkt an der Realisierung von Geschäftsprozessen beteiligt, sondern neben der Gesamtleitung der D-CA/des D-CP verantwortlich für die Einhaltung und Überwachung von Sicherheitsmaßnahmen.

- Er übernimmt die Verantwortung für das Change-Management.

[r9.17]
Die KM-Rolle umfasst:

- die sichere Durchführung der Key-Management-Prozesse,

die Erzeugung, Zertifizierung, Verwaltung und Löschung der asymmetrischen Schlüssel der D-CA/des D-CP sowie der symmetrischen Schlüssel, die zur Verschlüsselung von Daten der Kontrollgeräte bzw. Werkstattkarten dienen.
Die Rolle Key-Manager kann nur im 4-Augen-Prinzip umgesetzt werden.
[r9.18]
Die CAA-Rolle umfasst:

- Verantwortung für den reibungslosen Betrieb der technischen Systeme und Netzwerkkomponenten der D-CA.

[r9.19]
Die PV-Rolle umfasst:

- die alleinige Kenntnis über die PIN, die den Zugriff auf die Mitgliedstaatenschlüssel und den Zugriff auf die symmetrischen Schlüssel sichert,

- Mitwirkung bei der Schlüsselgenerierung,

- Mitwirkung bei allen Aktivitäten der D-CA, bei denen ein Zugriff auf die Mitgliedstaatenschlüssel oder den symmetrischen Schlüssel für die Verschlüsselung der Bewegungsgeber-Daten notwendig ist (z. B. Schlüsselgenerierung, Inbetriebnahme der Schlüssel, Schlüsselerneuerung).

[r9.20]
Die SysAdmin-Rolle umfasst:

- Verantwortung für den reibungslosen Betrieb der Netzwerkkomponenten und der IT-Systeme des D-CP (Installation, Konfiguration, Administration, Update, Backup, Wiederherstellung).

[r9.21]
Die ISSO-Rolle umfasst:

- die Überwachung der Sicherheit aller Geschäftsprozesse im Detail und die Auswertung der Sicherheitsmaßnahmen,

- die Überwachung aller anderen Rollen, die Umsetzung der Security Policy, das Change-Management bzw. die Realisierung der Geschäftsprozesse und Anweisungen innerhalb der D-CA/D-CP-Organisation,

- die Verantwortung zur Durchführung der Audits, die regelmäßig innerhalb der D-CA/D-CP-Organisation vorgenommen werden müssen,

- die Verantwortung für die Erstellung und Pflege des

Sicherheitskonzeptes,

- die Teilnahme an der Mitgliedstaatenschlüssel-Generierung.

[r9.22]

Sofern die D-CA/der D-CP Teile ihrer/seiner Aufgaben an externe Dienstleister überträgt, müssen diese ein ihren Aufgaben entsprechendes Rollenkonzept einrichten.

10 Beendigung des D-CA/D-CP-Betriebs

10.1 Verantwortlichkeit der D-MSA

Die D-MSA entscheidet über eine Verlegung der D-CA/D-CP-Verantwortlichkeit. Dafür muss die D-MSA eine neue D-CA/D-CP benennen. Um diese Verlegung durchzuführen, müssen die folgenden Punkte erfüllt werden.

[r10.1]

Die D-MSA stellt sicher, dass die Übertragung der Aufgaben und Pflichten an die neue D-CA/D-CP in geeigneter Art und Weise zu erfolgen hat.

[r10.2]

Die alte D-CA/D-CP muss alle vorhandenen D-CA/D-CP-Schlüssel an die neue D-CA/D-CP übertragen. Die Art und Weise wird durch die D-MSA bestimmt.

[r10.3]

Kopien von Schlüsseln jeglicher Art, die in Zusammenhang mit der alten D-CA/D-CP gebracht werden können oder nicht transferiert werden konnten, müssen vernichtet werden.

11 Überprüfungen des Betriebs

11.1 D-CA

[r11.1]

Die D-MSA stellt die Durchführung von regelmäßigen und anlassbezogenen unabhängigen Überprüfungen des Betriebs der D-CA sicher. Eine entsprechende Überprüfung soll mindestens einmal jährlich erfolgen. Die D-MSA kann externe Dienstleister mit dieser Aufgabe betrauen.

Bei Überprüfungen des D-CA-Betriebs muss insbesondere die Übereinstimmung des laufenden Betriebs mit den relevanten Rechtsvorschriften, mit der D-MSA-Policy sowie mit dem aktuellen Betriebskonzept und dem aktuellen IT-Sicherheitskonzept verifiziert werden. Von der D-CA ggf. beauftragte externe Dienstleister sind in die Überprüfung einzubeziehen.

[r11.2]

Die D-MSA stellt sicher, dass die Sicherheit des Betriebs des D-CA durch die Überprüfungen nicht beeinträchtigt wird. Insbesondere stellt sie sicher, dass die Ergebnisse der Überprüfungen Unbefugten nicht zugänglich gemacht werden.

Sie verpflichtet ggf. externe Dienstleister zur Verschwiegenheit.

[r11.3]

Die D-MSA fasst die Ergebnisse der Überprüfung in einem Bericht zusammen, der die Abhilfemaßnahmen definiert, einschließlich eines Implementierungsplanes, der erforderlich ist, um die Verpflichtungen derD-MSAzu erfüllen. Der Bericht ist in englischer Sprache an die ERCA zu leiten.

[r11.4]

Sofern Überprüfungen der D-CA Schwachstellen oder Abweichungen offengelegt haben, veranlasst die D-MSA die D-CA, diese zu beseitigen. Die D-CA berichtet der D-MSA unverzüglich über Einleitung und Abschluss dieser Maßnahmen. Die D-MSA kann eine unabhängige Überprüfung des Erfolgs dieser Maßnahmen anordnen.

11.2 D-CP und Hersteller von Fahrzeugeinheiten sowie Hersteller von Weg-/Geschwindigkeitsgebern

[r11.5]

Die Einhaltung der Sicherheitsvorschriften, insbesondere der deutschen D-MSA-Policy sind nachzuweisen durch

- ein Zertifikat von einem vom BSI oder vergleichbaren EU-Behörden akkreditierten Prüflabor,

- mindestens einmal jährliche Audits.

Die Kosten trägt der Hersteller bzw. der D-CP.

[r11.6]

Anlassbezogene Audits im Zusammenhang mit der VO (EG) 3821/85, VO (EG) 2135/98 und VO (EG) 1360/2002 können jederzeit von der D-MSA und der D-CA verlangt werden. Sollten Unregelmäßigkeiten nachgewiesen werden, trägt der Hersteller bzw. D-CP die Kosten. Andernfalls trägt die veranlassende Aufsichtsstelle die Kosten.

12 Änderungen und Anpassungen der D-MSA-Policy

[r12.1]

Anträge zur Änderung der D-MSA-Policy sind an die D-MSA zu richten, die darüber entscheidet und im positiven Fall in angemessener Frist geeignete Maßnahmen zu treffen hat.

13 Übereinstimmung mit der ERCA-Policy

Die Anforderungen für die D-MSA-Policy sind in der ERCA-Policy in § 5.3 beschrieben. Die nachstehende Tabelle stellt die Verbindung zwischen den in der ERCA-Policy formulierten Anforderungen und den Anforderungen der D-MSA-Policy dar.

Nr.	Referenz ERCA policy	Anforderung	Referenz D-MSA-Policy
1.	§ 5.3.1	The MSA Policy shall identify the entities in charge of operations.	§ 1.1 Zuständige Organisationen
2.	§ 5.3.2	The MSCA key pairs for equipment key certification and for motion sensor key distribution shall be generated and stored within a device which either: • is certified to meet the requirements identified in FIPS 140-2 (or FIPS 140-1) level 3 or higher [10]; • is certified to be compliant with the requirements identified in the CEN Workshop Agreement 14167-2 [11]; • is a trustworthy system which is assured to EAL4 or higher in accordance with ISO	§ 6 Schlüsselmanagement in der D-CA (Absatz 2)

Nr.	Referenz ERCA policy	Anforderung	Referenz D-MSA-Policy
		15408 [12]; to level E3 or higher in ITSEC [13]; or equivalent security criteria. These evaluations shall be to a protection profile or security target, • is demonstrated to provide an equivalent level of security.	
3.	§ 5.3.3	Member State Key Pair generation shall take place in a physically secured environment by personnel in trusted roles under, at least dual control.	§ 6 Schlüsselmanagement in der D-CA (Absatz 3) § 6 Schlüsselmanagement in der D-CA [r6.5] § 6.2 Schlüsselpaar der D-CA (MS.SK, MS.PK) [r6.10] § 7.3 Schlüsselverwendung [r7.9] § 9.2 Besondere Anforderungen an das Sicherheitskonzept [r9.7]
4.	§ 5.3.4	The Member State Key Pairs shall be used for a period of at most two years starting from certification by the ERCA.	§ 6.2 Schlüsselpaar der D-CA (MS.SK, MS.PK) [r6.7]
5.	§ 5.3.5	The generation of new Member State Key Pairs shall take into account the one month turnaround time required for	§ 6.2 Schlüsselpaar der D-CA (MS.SK, MS.PK) [r6.13]

Nr.	Referenz ERCA policy	Anforderung	Referenz D-MSA-Policy
		certification by the ERCA.	
6.	§ 5.3.6	The MSA shall submit MSCA public keys for certification by the ERCA using the key certification request (KCR) protocol described in Annex A.	§ 6.2 Schlüsselpaar der D-CA (MS.SK, MS.PK) [r6.14]
7.	§ 5.3.7	The MSA shall request motion sensor master keys from the ERCA using the key distribution request (KDR) protocol described in Annex D.	§ 6.3 Symmetrische Schlüssel für Werkstattkarten und Weg-/ Geschwindigkeitsgeber (Km, Km_{WC}, Km_{VU}) [r6.20]
8.	§ 5.3.8	The MSA shall recognise the ERCA public key in the distribution format described in Annex B.	§ 6.2 Schlüsselpaar der D-CA (MS.SK, MS.PK) [r6.15]
9.	§ 5.3.9	The MSA shall use the physical media for key and certificate transport described in Annex C.	§ 6.2 Schlüsselpaar der D-CA (MS.SK, MS.PK) [r 6.16]
10.	§ 5.3.10	The MSA shall ensure that the Key Identifier (KID) and modulus (n) of keys submitted to the ERCA for certification are unique within the domain of the	§ 8.4 Zertifikatinhalte und -formate [r8.9]

Nr.	Referenz ERCA policy	Anforderung	Referenz D-MSA-Policy
		MSCA.	
11.	§ 5.3.11	The MSA shall ensure that expired keys are not used for any purpose. The Member State private key shall be either: destroyed so that the private key cannot be recovered or retained in a manner preventing its use.	§ 6.2 Schlüsselpaar der D-CA (MS.SK, MS.PK) [r6.7]
12.	§ 5.3.12	The MSA shall ensure that an equipment RSA key is generated, transported, and inserted into the equipment, in such a way as to preserve its confidentiality and integrity. For this purpose, the MSA shall • ensure that any relevant prescription mandated by security certification of the equipment is met; • ensure that both generation and insertion (if	§ 7.1 Allgemeine Anforderungen, Protokollierung [r7.1] § 7.2 Schlüsselerzeugung [r7.5]

not onboard) takes place in a physically secured environment;

- unless key generation was covered by the security certification of the equipment, ensure that specified and appropriate cryptographic key generation algorithms are used.

The last two of these requirements on generation shall be met by generating equipment keys within a device which either:

a)

is certified to meet the requirements identified in FIPS 140-2 (or FIPS 140-1) level 3 or higher [9];

b)

is certified to be compliant with the requirements identified in

Nr.	Referenz ERCA policy	Anforderung	Referenz D-MSA-Policy
		the CEN Workshop Agreement 14167-2 [10];	
		c) is a trustworthy system which is assured to EAL4 or higher in accordance with ISO 15408 [11]; to level E3 or higher in ITSEC [12]; or equivalent security criteria. These evaluations shall be to a protection profile or security target;	
		d) is demonstrated to provide an equivalent level of security.	
13.	§ 5.3.13	The MSA shall ensure confidentiality, integrity and availability of the private keys generated, stored and used under control of the MSA	§ 5 Karten- und Gerätemanagement [r5.6] § 6 Schlüsselmanagement in der D-CA (Absatz 2) § 7.1 Allgemeine Anforderungen, Protokollierung [r7.2]

Nr.	Referenz ERCA policy	Anforderung	Referenz D-MSA-Policy
		Policy.	
14.	§ 5.3.14	The MSA shall prevent unauthorised use of the private keys generated, stored and used under control of the MSA Policy.	§ 7.1 Allgemeine Anforderungen, Protokollierung (Absatz 2) § 6.2 Schlüsselpaar der D-CA (MS.SK, MS.PK) [r6.9] § 7.2 Schlüsselerzeugung [r7.8]
15.	§ 5.3.15	The Member State private keys may be backed up using a key recovery procedure requiring at least dual control.	§ 7.3 Schlüsselerzeugung [r7.11]
16.	§ 5.3.16	Key certification requests that rely on transportation of private keys are not allowed.	§ 8.2 Zertifikatserteilung [r8.7]
17.	§ 5.3.17	Key escrow is strictly forbidden.	§ 6.2 Schlüsselpaar der D-CA (MS.SK, MS.PK) [r6.11]
18.	§ 5.3.18	The MSA shall prevent unauthorised use of its motion sensor keys.	§ 6.3 Symmetrische Schlüssel für Werkstattkarten und Weg-/ Geschwindigkeitsgeber (Km, Km_{WC}, Km_{VU}) [r6.18]
19.	§ 5.3.19	The MSA shall ensure that the motion sensor master key (Km) is used only to encrypt motion sensor data for the purposes of motion sensor manufacturers. The data to be encrypted is defined in the ISO / IEC 16844-3 standard [7].	§ 6 Schlüsselmanagement in der D-CA (Absatz 2)
20.	§ 5.3.20	The motion sensor master key (Km)	§ 6.3 Symmetrische Schlüssel für Werkstattkarten und Weg-/

Nr.	Referenz ERCA policy	Anforderung	Referenz D-MSA-Policy
		shall never leave the secure and controlled environment of the MSA.	Geschwindigkeitsgeber (Km, Km_{WC}, Km_{VU}) [r 6.18]
21.	§ 5.3.21	The MSA shall forward the workshop card motion sensor key (Km_{WC}) to the component personaliser (in this case, the card personalisation service), by appropriately secured means, for the sole purpose of insertion into workshop cards.	§ 6.3 Symmetrische Schlüssel für Werkstattkarten und Weg-/ Geschwindigkeitsgeber (Km, Km_{WC}, Km_{VU}) [r6.18]
22.	§ 5.3.22	The MSA shall forward the vehicle unit motion sensor key (Km_{VU}) to the component personaliser (in this case, a vehicle unit manufacturer), by appropriately secured means, for the sole purpose of insertion into vehicle units.	§ 6.3 Symmetrische Schlüssel für Werkstattkarten und Weg-/ Geschwindigkeitsgeber (Km, Km_{WC}, Km_{VU}) [r6.18]
23.	§ 5.3.23	The MSA shall maintain the confidentiality, integrity and availability of its motion sensor key copies.	§ 6 Schlüsselmanagement in der D-CA (Absatz 2)

Nr.	Referenz ERCA policy	Anforderung	Referenz D-MSA-Policy
24.	§ 5.3.24	The MSA shall ensure that its motion sensor key copies are stored within a device which either: a) is certified to meet the requirements identified in FIPS 140-2 (or FIPS 140-1) level 3 or higher [9]; b) is a trustworthy system which is assured to EAL4 or higher in accordance with ISO 15408 [11]; to level E3 or higher in ITSEC [12]; or equivalent security criteria. These evaluations shall be to a protection profile or security target.	§ 6 Schlüsselmanagement in der D-CA (Absatz 2)
25.	§ 5.3.25	The MSA shall possess different Member State Key Pairs for the	§ 6.2 Schlüsselpaar der D-CA (MS.SK, MS.PK) [r6.3] § 7.3 Schlüsselverwendung [r7.9]

Nr.	Referenz ERCA policy	Anforderung	Referenz D-MSA-Policy
		production of vehicle unit and tachograph card equipment public key certificates.	
26.	§ 5.3.26	The MSA shall ensure availability of its equipment public key certification service.	§ 6.2 Schlüsselpaar der D-CA (MS.SK, MS.PK) [r6.6]
27.	§ 5.3.27	The MSA shall only use the Member State Private Keys for:	§ 6.2 Schlüsselpaar der D-CA (MS.SK, MS.PK) [r6.4]

a)

the production of Annex I(B) equipment key certificates using the ISO / IEC 9796-2 digital signature algorithm as described in Annex I(B) Appendix 11 Common Security Mechanisms [6];

b)

production of the ERCA key certification request as described in Annex A;

c)

issuing

Nr.	Referenz ERCA policy	Anforderung	Referenz D-MSA-Policy
		Certificate Revocation Lists if this method is used for providing certificate status information (see 5.3.30).	
28.	§ 5.3.28	The MSA shall sign equipment certificates within the same device used to store the Member State Private Keys (see 5.3.2).	§ 6 Schlüsselmanagement in der D-CA (Absatz 2)
29.	§ 5.3.29	Within its domain, the MSA shall ensure that equipment public keys are identified by a unique key identifier which follows the prescriptions of Annex I(B) [6].	§ 8.4 Zertifikatinhalte und -formate [r8.9]
30.	§ 5.3.30	Unless key generation and certification is performed in the same physically secured Environment, the key certification request protocol shall provide proof of origin and integrity of certification requests, without	§ 8 Zertifikatsmanagement [r8.3]

Nr.	Referenz ERCA policy	Anforderung	Referenz D-MSA-Policy
		revealing the private key.	
31.	§ 5.3.31	The MSA shall maintain and make certificate status information available.	§ 8.5 Informationspflichten der D-CA [r8.13]
32.	§ 5.3.32	The validity of a tachograph card certificate shall equal the validity of the tachograph card.	§ 8.3 Zertifikatgültigkeit [r8.8]
33.	§ 5.3.33	The MSA shall prevent the insertion of undefined validity certificates into tachograph cards.	§ 8.3 Zertifikatgültigkeit [r8.8]
34.	§ 5.3.34	The MSA may allow the insertion of undefined validity Member State certificates into vehicle units.	§ 8.3 Zertifikatgültigkeit [r8.8]
35.	§ 5.3.35	The MSA shall ensure that users of cards are identified at some stage of the card issuing process.	§ 5 Karten- und Gerätemanagement [r5.8] § 7.3 Schlüsselverwendung [r7.10]
36.	§ 5.3.36	The MSA shall ensure that ERCA is notified without delay of loss, theft, or potential compromise of any MSA keys.	§ 6.2 Schlüsselpaar der D-CA (MS.SK, MS.PK) [r6.12]
37.	§ 5.3.37	The MSA shall implement appropriate disaster recovery mechanisms which	§ 6.2 Schlüsselpaar der D-CA (MS.SK, MS.PK) [r6.6] § 9 Informations-Sicherheit [r9.13]

Nr.	Referenz ERCA policy	Anforderung	Referenz D-MSA-Policy
		do not depend on the ERCA response time.	
38.	§ 5.3.38	The MSA shall establish an information security management system (ISMS) based on a risk assessment for all the operations involved.	§ 9.1 Informations-Sicherheitsmanagement (ISMS) [r9.1]
39.	§ 5.3.39	The MSA shall ensure that the policies address personnel training, clearance and roles.	§ 9.2 Besondere Anforderungen an das Sicherheitskonzept [r9.5] § 9.3 Rollentrennung [r9.15]
40.	§ 5.3.40	The MSA shall ensure that appropriate records of certification operations are maintained.	§ 9 Informations-Sicherheit [r9.10] [r9.11] [r9.12]
41.	§ 5.3.41	The MSA shall include provisions for MSCA termination in the MSA Policy.	§ 10.1 Verantwortlichkeit
42.	§ 5.3.42	The MSA Policy shall include change procedures.	§ 12 Änderungen und Anpassungen der [r12.1]
43.	§ 5.3.43	The MSA audit shall establish whether the Requirements of this Section are being maintained.	§ 11.1 D-CA [r11.1] 2. Paragraph
44.	§ 5.3.44	The MSA shall audit the operations covered by the approved policy at intervals of not more	§ 11.1 D-CA [r11.1] 1. Paragraph

Nr.	Referenz ERCA policy	Anforderung	Referenz D-MSA-Policy
		than 12 months.	
45.	§ 5.3.45	The MSA shall report the results of the audit as mentioned in 5.3.43 and provide the audit report, in English, to the ERCA.	§ 11.1 D-CA [r11.3]
46.	§ 5.3.46	The audit report shall define any corrective actions, including an implementation schedule, required to fulfil the MSA obligations.	§ 11.1 D-CA [r11.3]

Anhang A
Abkürzungen, Definitionen

BMVI	Bundesministerium für Verkehr und digitale Infrastruktur CA-Administrator
BSI	Bundesamt für Sicherheit in der Informationstechnik
CAA	CA-Administrator
CA-R	Der D-CA-Verantwortliche
CP-R	Der D-CP-Verantwortliche
D-MSA-Policy	Zertifizierungs-Policy der Bundesrepublik Deutschland für den elektronischen Fahrtenschreiber gemäß Anlage 11 des Anhangs I(B) VO (EG) 2135/98
Change Management	Behandlung technischer, organisatorischer und/oder fachlicher Änderungen des Verfahrens
D-CA	Die Zertifizierungsstelle der Bundesrepublik Deutschland für den elektronischen Fahrtenschreiber gemäß der VO (EG) 3821/85, VO (EG) 2135/98 und VO (EG) 1360/2002, Kraftfahrt-Bundesamt. Nach internationalem Sprachgebrauch (CA = certification authority)
D-CIA	Antragsbearbeitende und Ausgabestelle für Tachografenkarten

D-CP	Kartenpersonalisierer. Stelle, die asymmetrische Schlüsselpaare und die gemäß VO (EG) 3821/85, VO (EG) 2135/98 und VO (EG) 1360/2002 zugehörigen Zertifikate auf die in der VO (EG) 2135/98 definierten Fahrer-, Werkstatt-, Kontroll- und Unternehmenskarten aufbringt.
D-MSA	Die für die Umsetzung der EU-Richtlinie in der Bundesrepublik Deutschland verantwortliche Stelle, BMVBS.
	Nach internationalem Sprachgebrauch (MSA = Member State Authority)
Digitale Signatur	Verfahren zur Sicherung der Unverfälschtheit (Integrität) und zum Herkunftsnachweis (Authentizität) eines elektronischen Dokuments mittels Anwendung der asymmetrischen Kryptographie.
ERCA	Europäische Route Zertifizierungsstelle
FE	Fahrzeugeinheiten nach Definition der VO (EG) 3821/85, VO (EG) 2135/98 und VO (EG) 1360/2002
ISMS	Informations-Sicherheitsmanagement-System
ISSO	Der Sicherheitsbeauftragte
	Nach internationalem Sprachgebrauch (ISSO = Information System Security Officer)
Kartenpersonalisierer	Siehe D-CP
KDR	Key Distribution Request (Schlüssel-Auslieferungsantrag für den Hauptschlüssel des Weg-/Geschwindigkeitsgebers)
KM	Der Key-Manager
Öffentlicher Schlüssel	In der asymmetrischen Kryptographie der öffentliche Teil eines Schlüsselpaars. Dieser dient meistens zur Verifizierung einer digitalen Signatur oder zur Verschlüsselung einer Nachricht.
Personalisierung	Auch: logische P. Einbringung von privaten/geheimen Schlüsseln und den zugehörigen Zertifikaten in Kontrollgerätkarten und Kontrollgeräte. Diese ist zu unterscheiden von der optischen P. einer Karte, bei der Namen, Fotos u. Ä. auf den Kartenkörper aufgebracht werden.
Privater Schlüssel	In der asymmetrischen Kryptographie der private (geheime) Teil eines Schlüsselpaars. Dieser dient meistens zur Erzeugung einer digitalen Signatur oder zur Entschlüsselung einer Nachricht. (s. auch Öffentlicher Schlüssel)
PS	Das Practice Statement der D-CA, des D-CP, der Hersteller von Fahrzeugeinheiten und der Hersteller von

	Weg-/Geschwindigkeitsgebern, wie es in Kapitel 4 der D-MSA-Policy definiert ist. Im internationalen Kontext ist dafür die Bezeichnung „Certification Practice Statement (CPS)" gebräuchlich.
Root-CA	Die europäische Zertifizierungsstelle für den elektronischen Fahrtenschreiber gemäß der VO (EG) 3821/85, VO (EG) 2135/98 und VO (EG) 1360/2002.
Root-Policy	„Digital Tachograph System – European Root Policy" erstellt vom JRC in Ispra.
RSA	Spezielles Verfahren der asymmetrischen Kryptographie. Gemäß Anlage 11 des Anhangs I (B) der VO (EG) 2135/98 wird im elektronischen Fahrtenschreiber das RSA-Verfahren zur Erstellung digitaler Signaturen eingesetzt.
SysAdmin	Der Systemadministrator des D-CP
Zertifikat	In der asymmetrischen Kryptographie wird durch ein Z. die Bindung eines öffentlichen Schlüssels an eine im Z. bezeichnete Identität (Person, Organisation, Maschine usw.), die sich im Besitz des zugehörigen privaten Schlüssels befindet, bestätigt. Im Kontext der D-MSA-Policy werden hierunter insbesondere die in Anlage 11 zum Anhang I (B) der VO (EG) 2135/98 definierten Zertifikate verstanden.
Zertifizierungsstelle	Stelle, die ein Zertifikat ausstellt. Im Kontext der VO (EG) 3821/85, VO (EG) 2135/98 und VO (EG) 1360/2002 existieren die Europäische Zertifizierungsstelle (Root-CA) und die Zertifizierungsstellen der Mitgliedstaaten (für Deutschland D-CA), die die für ihre Tätigkeit benötigten Zertifikate von der Root-CA erhalten.

Anhang B
Referenzdokumente

[CC]	Common Criteria. ISO/IEC 15408 (1999)
[CEN]	CEN Workshop Agreement 14167-2: Cryptographic Module for CSP...
[FIPS]	FIPS PUB 140-2. NIST
[GSHB]	BSI-IT-Grundschutzkataloge
[ISO]	ISO 27001:2006

1)
Common Security Guidelines, V 1.0; Card Issuing Group SWG3:
http://forum.europa.eu.int/Public/irc/tren/digtacho/library?
l=/commonssecuritysguidelin/commonssecurityguideline1/_EN_1.0_&a=d

2)

Guideline and Template National CA policy, V 1.0:
http://forum.europa.eu.int/Public/irc/tren/digtacho/library?
l=/commonssecuritysguidelin/tsncapolicysguidelinesv1/_EN_1.0_&a=d

3)

Die D-MSA-Policy wurde in deutscher Sprache erstellt und ins Englische
übersetzt, um sie bei der ERCA vorzulegen. Die deutsche Version ist die
rechtsverbindliche.

4)

Vgl. Digital Tachograph System European Root Policy, V 2.0.

-

Anlage 3 (zu § 4)
Beschreibung der Speicherkarten

+++ Wegen nicht darstellbarer Textteile Anlage nicht aufgenommen +++
Fundstelle des Originaltextes: BGBl. I 2005, 1914 - 1916

Gesetz über das Fahrpersonal von Kraftfahrzeugen und Straßenbahnen
(Fahrpersonalgesetz - FPersG)

-

FPersG

Ausfertigungsdatum: 30.03.1971

"Fahrpersonalgesetz in der Fassung der Bekanntmachung vom 19. Februar 1987
(BGBl. I S. 640), das zuletzt durch Artikel 474 der Verordnung vom 31. August
2015 (BGBl. I S. 1474) geändert worden ist"

Neugefasst durch Bek. 19.2.1987 I 640; zuletzt geändert durch Art. 474 V v.
31.8.2015 I 1474

Fußnote

(+++ Textnachweis Geltung ab: 1.11.1976 +++)

§ 1 Anwendungsbereich

(1) Dieses Gesetz gilt für die Beschäftigung und für die Tätigkeit des Fahrpersonals von Kraftfahrzeugen sowie von Straßenbahnen, soweit sie am Verkehr auf öffentlichen Straßen teilnehmen. Mitglieder des Fahrpersonals sind Fahrer, Beifahrer und Schaffner. Sofern dieses Gesetz und die auf der Grundlage von § 2 Nr. 3 erlassenen Rechtsverordnungen Regelungen zur Arbeitszeitgestaltung treffen, gehen diese dem Arbeitszeitgesetz vor.
(2) Dieses Gesetz gilt nicht für die Mitglieder des Fahrpersonals

1.

von Dienstfahrzeugen der Bundeswehr, der Feuerwehr und der anderen Einheiten und Einrichtungen des Katastrophenschutzes, der Polizei und des Zolldienstes,

2.

von Kraftfahrzeugen mit einem zulässigen Gesamtgewicht, einschließlich Anhänger oder Sattelanhänger, bis zu 2,8 t, es sei denn, daß sie als Fahrpersonal in einem unter den Geltungsbereich des Arbeitszeitgesetzes fallenden Arbeitsverhältnis stehen.

§ 2 Rechtsverordnungen

Das Bundesministerium für Verkehr und digitale Infrastruktur wird ermächtigt, im Einvernehmen mit dem Bundesministerium für Arbeit und Soziales mit Zustimmung des Bundesrates

1.

zur Durchführung der Verordnung (EG) Nr. 2135/98 des Rates vom 24. September 1998 zur Änderung der Verordnung (EWG) Nr. 3821/85 und der Richtlinie 88/599/EWG (ABl. EG Nr. L 274 S. 1), der Verordnung (EG) Nr. 561/2006 des Europäischen Parlaments und des Rates vom 15. März 2006 zur Harmonisierung bestimmter Sozialvorschriften im Straßenverkehr und zur Änderung der Verordnungen (EWG) Nr. 3821/85 und (EG) Nr. 2135/98 des Rates sowie zur Aufhebung der Verordnung (EWG) Nr. 3820/85 des Rates (ABl. EU Nr. L 102 S. 1), der Verordnung (EWG) Nr. 3821/85 des Rates vom 20. Dezember 1985 über das Kontrollgerät im Straßenverkehr (ABl. EG Nr. L 370 S. 8), der Verordnung (EU) Nr. 165/2014 des Europäischen Parlaments und des Rates vom 4. Februar 2014 über Fahrtenschreiber im Straßenverkehr, zur Aufhebung der Verordnung (EWG) Nr. 3821/85 des Rates über das Kontrollgerät im Straßenverkehr und zur Änderung der

Verordnung (EG) Nr. 561/2006 des Europäischen Parlaments und des Rates zur Harmonisierung bestimmter Sozialvorschriften im Straßenverkehr (ABl. L 60 vom 28.2.2014, S. 1) sowie der Richtlinie 2006/22/EG des Europäischen Parlaments und des Rates vom 15. März 2006 über Mindestbedingungen für die Durchführung der Verordnungen (EWG) Nr. 3820/85 und (EWG) Nr. 3821/85 des Rates über Sozialvorschriften für Tätigkeiten im Kraftverkehr sowie zur Aufhebung der Richtlinie 88/599/EWG des Rates (ABl. EU Nr. L 102 S. 35), in der jeweils geltenden Fassung, Rechtsverordnungen

a)

> über die Organisation, das Verfahren und die Mittel der Überwachung der Durchführung dieser Verordnungen,

b)

> über die Gestaltung und Behandlung der Tätigkeitsnachweise und Kontrollgeräte,

c)

> über Ausnahmen von den Mindestaltersgrenzen für das Fahrpersonal sowie Ausnahmen von den Vorschriften über die ununterbrochene Lenkzeit, Fahrtunterbrechungen und Ruhezeiten,

d)

> über die Benutzung von Fahrzeugen und,

e)

> soweit es zur Durchsetzung der Rechtsakte der Europäischen Gemeinschaft oder der Europäischen Union erforderlich ist, zur Bezeichnung der Tatbestände, die als Ordnungswidrigkeiten nach § 8 Abs. 1 Nr. 1 Buchstabe b, Nr. 2 Buchstabe b und Nr. 4 Buchstabe b geahndet werden können,

zu erlassen, soweit der Bundesrepublik Deutschland eine Regelung in den Artikeln 5, 6, 7, 8, 10, 11, 12, 13, 14, 15, 16, 17, 18, 19, 21 und 22 der Verordnung (EG) Nr. 561/2006, in den Artikeln 3, 21 bis 24, 27, 29 und 32 bis 41 der Verordnung (EU) Nr. 165/2014 sowie in den Artikeln 3, 15, 16 und 19 der Verordnung (EWG) Nr. 3821/85 und in deren Anhängen anheimgestellt oder auferlegt wird,

1a.

(weggefallen)

2.

zur Durchführung des Europäischen Übereinkommens vom 1. Juli 1970 über die Arbeit des im internationalen Straßenverkehr beschäftigten Fahrpersonals (AETR) (BGBl. 1974 II S. 1473), in der jeweils geltenden Fassung, Rechtsverordnungen

a)

> über die Organisation, das Verfahren und die Mittel der Überwachung der Durchführung dieses Abkommens,

b)

> über die Ausrüstung mit Kontrollgeräten und ihre Benutzung sowie über die Gestaltung und Behandlung der Tätigkeitsnachweise,

c)

über Ausnahmen von den Mindestaltersgrenzen für das Fahrpersonal,

d)

über die Nichtanwendung des AETR und anderweitige Vereinbarungen und,

e)

soweit es zur Durchsetzung des AETR erforderlich ist, zur Bezeichnung der Tatbestände, die als Ordnungswidrigkeiten nach § 8 Abs. 1 Nr. 1 Buchstabe b, Nr. 2 Buchstabe b und Nr. 4 Buchstabe b geahndet werden können,

zu erlassen, soweit der Bundesrepublik Deutschland eine Regelung in Artikel 2 Abs. 2, Artikel 3, 4 und 10 Abs. 1 sowie Artikel 12 Abs. 1 des AETR und in dessen Anhängen anheimgestellt oder auferlegt wird,

3.

zur Gewährleistung der Sicherheit im Straßenverkehr oder zum Schutz von Leben und Gesundheit der Mitglieder des Fahrpersonals, Rechtsverordnungen

a)

über Arbeitszeiten, Lenkzeiten, Fahrtunterbrechungen und Schichtzeiten,

b)

über Ruhezeiten und Ruhepausen,

c)

über die Ausrüstung mit Kontrollgeräten und ihre Benutzung sowie über die Gestaltung und Behandlung der Tätigkeitsnachweise und

d)

über die Organisation, das Verfahren und die Mittel der Überwachung der Durchführung dieser Rechtsverordnungen,

e)

über die Zulässigkeit tarifvertraglicher Regelungen über Arbeits-, Lenk-, Schicht- und Ruhezeiten sowie Ruhepausen und Fahrtunterbrechungen,

4.

zur Führung eines zentralen Registers zum Nachweis der ausgestellten, abhanden gekommenen und beschädigten Fahrer-, Werkstatt-, Unternehmens- und Kontrollkarten (Zentrales Kontrollgerätkartenregister) eine Rechtsverordnung zu erlassen über

a)

die Speicherung der Identifizierungsdaten der Fahrer, Techniker, Unternehmen und Behörden, denen Fahrer-, Werkstatt-, Unternehmens- oder Kontrollkarten ausgestellt worden sind, und die Speicherung der Identifizierungsdaten der ausgestellten, verlorenen und defekten Fahrer-, Werkstatt-, Unternehmens- und Kontrollkarten,

b)

die Übermittlung der Identifizierungsdaten, mit Ausnahme biometrischer Daten, an die öffentlichen Stellen, die für Verwaltungsmaßnahmen auf

Grund der Verordnung (EWG) Nr. 3821/85, der Verordnung (EU) Nr. 165/2014 oder darauf beruhender Rechtsvorschriften oder für die Verfolgung von Straftaten oder Ordnungswidrigkeiten zuständig sind,

c)

den automatisierten Abruf der Identifizierungsdaten, mit Ausnahme biometrischer Daten, durch die vorgenannten Stellen und zur Gewährleistung des Datenschutzes, insbesondere einer Kontrolle der Zulässigkeit der Abrufe, und der Datensicherheit,

d)

die Löschung der Daten spätestens ein Jahr nach Ablauf der Gültigkeit der jeweiligen Karte,

zu erlassen.

-

§ 3 Verbot bestimmter Akkordlöhne, Prämien und Zuschläge

Mitglieder des Fahrpersonals dürfen als Arbeitnehmer nicht nach den zurückgelegten Fahrstrecken oder der Menge der beförderten Güter entlohnt werden, auch nicht in Form von Prämien oder Zuschlägen für diese Fahrstrecken oder Gütermengen. Ausgenommen sind Vergütungen, die nicht geeignet sind, die Sicherheit im Straßenverkehr zu beeinträchtigen.

-

§ 4 Aufsicht

(1) Die Aufsicht über die Ausführung der Verordnungen (EG) Nr. 561/2006, (EWG) Nr. 3821/85, (EU) Nr. 165/2014 und der Verordnung (EG) Nr. 2135/98, des AETR sowie dieses Gesetzes und der auf Grund dieses Gesetzes erlassenen Rechtsverordnungen obliegt den von den Landesregierungen bestimmten Behörden (Aufsichtsbehörden), soweit in diesem Gesetz nichts anderes bestimmt ist.

(1a) Die Aufsichtsbehörde kann die erforderlichen Maßnahmen anordnen, die der Arbeitgeber, der Verlader, der Spediteur, der Reiseveranstalter, der Hauptauftragnehmer, der Unterauftragnehmer und die Fahrervermittlungsagentur zur Erfüllung der sich aus diesem Gesetz und den auf Grund dieses Gesetzes erlassenen Rechtsverordnungen ergebenden Pflichten zu treffen haben.

(2) Unberührt bleibt die Zuständigkeit des Bundesamtes für Güterverkehr nach § 9 Abs. 2 dieses Gesetzes und nach § 11 Abs. 2 Nr. 3 Buchstabe a, § 12 Abs. 6 des Güterkraftverkehrsgesetzes.

(3) Der Unternehmer, der Fahrzeughalter und die Mitglieder des Fahrpersonals sind verpflichtet, der zuständigen Behörde innerhalb einer von ihr festzusetzenden Frist

1.

die Auskünfte, die zur Ausführung der in Absatz 1 genannten Vorschriften erforderlich sind, wahrheitsgemäß und vollständig zu erteilen,

2.
die Unterlagen, die sich auf diese Angaben beziehen oder aus denen die Lohn- oder Gehaltszahlungen ersichtlich sind, zur Prüfung auszuhändigen oder einzusenden; werden die Unterlagen automatisiert gespeichert, sind sie den zuständigen Behörden auf deren Verlangen nach Maßgabe von Satz 12 durch Datenfernübertragung oder auf einem von der jeweiligen Behörde zu bestimmenden Datenträger nach Satz 11 zur Verfügung zu stellen. Mitglieder des Fahrpersonals haben die Schaublätter und Tätigkeitsnachweise der Vortage, die nicht mehr mitzuführen sind, unverzüglich dem Unternehmer auszuhändigen. Bei Einsatz eines Kontrollgerätes nach Anhang I B der Verordnung (EWG) Nr. 3821/85 hat der Unternehmer die auf der Fahrerkarte gespeicherten Daten in regelmäßigen Abständen zu kopieren. Hierzu haben ihm die Mitglieder des Fahrpersonals die jeweiligen Fahrerkarten zur Verfügung zu stellen. Der Unternehmer hat ferner die im Massenspeicher des Kontrollgerätes gespeicherten Daten in regelmäßigen Abständen zu kopieren. Der Unternehmer hat die von den Fahrerkarten und den Massenspeichern kopierten Daten unter Berücksichtigung der Grundsätze des Satzes 12 ein Jahr ab dem Zeitpunkt des Kopierens zu speichern. Der Unternehmer hat die Schaublätter im Sinne des Artikels 14 Abs. 2 der Verordnung (EWG) Nr. 3821/85 und die gemäß Artikel 16 Abs. 2 Satz 2 der Verordnung (EWG) Nr. 3821/85 sowie § 2 Abs. 3 Satz 1 und 2 der Fahrpersonalverordnung zu fertigenden Ausdrucke ein Jahr nach dem Ablauf der Mitführpflicht nach Artikel 15 Abs. 7 der Verordnung (EWG) Nr. 3821/85 aufzubewahren. Danach sind bis zum 31. März des auf das Kalenderjahr, in dem die Aufbewahrungsfrist endet, folgenden Kalenderjahres die Daten zu löschen und die Schaublätter und die gemäß Artikel 16 Abs. 2 Satz 2 der Verordnung (EWG) Nr. 3821/85 und § 2 Abs. 3 Satz 1 und 2 der Fahrpersonalverordnung zu fertigenden Ausdrucke zu vernichten, soweit sie nicht zur Erfüllung der Aufbewahrungspflichten nach § 16 Abs. 2 und § 21a Abs. 7 des Arbeitszeitgesetzes, § 147 Abs. 1 Nr. 5 in Verbindung mit Abs. 3 der Abgabenordnung und § 28f Abs. 1 Satz 1 des Vierten Buches Sozialgesetzbuch benötigt werden. Der Unternehmer hat dabei dafür Sorge zu tragen, dass eine lückenlose Dokumentation der Lenk- und Ruhezeiten gewährleistet ist und die Daten sowie die Schaublätter und die gemäß Artikel 16 Abs. 2 Satz 2 der Verordnung (EWG) Nr. 3821/85 und § 2 Abs. 3 Satz 1 und 2 der Fahrpersonalverordnung zu fertigenden Ausdrucke gegen Verlust und Beschädigung zu sichern. Er stellt den Mitgliedern des Fahrpersonals auf Verlangen eine Kopie der von ihrer Fahrerkarte kopierten Daten zur Verfügung. Artikel 10 Abs. 2 der Verordnung (EG) Nr. 561/2006 bleibt unberührt. Im Falle der Datenfernübertragung sind dem jeweiligen Stand der Technik entsprechende Maßnahmen zur Sicherstellung von Datenschutz und Datensicherheit zu treffen, die insbesondere die Vertraulichkeit, Unversehrtheit und Zurechenbarkeit der Daten gewährleisten; im Falle der Nutzung allgemein zugänglicher Netze sind dem jeweiligen Stand der Technik entsprechende Verschlüsselungsverfahren anzuwenden.
(4) Der zur Auskunft Verpflichtete kann die Auskunft auf solche Fragen verweigern,

deren Beantwortung ihn selbst oder einen der in § 383 Abs. 1 Nr. 1 bis 3 der Zivilprozeßordnung bezeichneten Angehörigen der Gefahr strafgerichtlicher Verfolgung oder eines Verfahrens nach dem Gesetz über Ordnungswidrigkeiten aussetzen würde.

(5) Während der Betriebs- und Arbeitszeit ist den Beauftragten der Aufsichtsbehörden, soweit dies zur Wahrnehmung ihrer Aufgaben erforderlich ist, das Betreten und Besichtigen der Grundstücke, Betriebsanlagen, Geschäftsräume und Beförderungsmittel gestattet. Das Betreten und Besichtigen außerhalb dieser Zeit oder wenn die Betriebsanlagen oder Geschäftsräume sich in einer Wohnung befinden, ist ohne Einverständnis nur zur Verhütung von dringenden Gefahren für die öffentliche Sicherheit und Ordnung zulässig. Das Grundrecht der Unverletzlichkeit der Wohnung (Artikel 13 des Grundgesetzes) wird insoweit eingeschränkt. Soweit dies zur Erfüllung der Aufgaben der Beauftragten der Aufsichtsbehörden erforderlich ist, können Prüfungen und Untersuchungen durchgeführt und die Einsicht in geschäftliche Unterlagen des Auskunftspflichtigen vorgenommen werden. Die Maßnahmen nach den Sätzen 1, 2 und 4 sind von den zu überwachenden Unternehmen und ihren Angestellten, einschließlich der Fahrer, zu dulden.

(6) (weggefallen)

(7) Zuständige Behörde im Sinne des Artikels 4 des Anhangs zum AETR und der Artikel 7 und 12 Abs. 2 und 3 der Verordnung (EWG) Nr. 3821/85 ist das Kraftfahrt-Bundesamt.

-

§ 4a Zuständigkeiten

Anträge auf Erteilung von Fahrer-, Werkstatt- oder Unternehmenskarten sind an die nach Landesrecht zuständigen Behörden oder Stellen zu richten. Die Länder können Dritte mit dieser Aufgabe betrauen.

-

§ 4b Fahrerlaubnisrechtliche Auskünfte

Durch Abruf im automatisierten Verfahren dürfen aus dem Zentralen Fahrerlaubnisregister die nach § 49 Abs. 1 Nr. 1 bis 3, 5 bis 11 und 15 der Fahrerlaubnis-Verordnung gespeicherten Daten für Maßnahmen im Zusammenhang mit der Ausgabe und Kontrolle von Fahrerkarten nach der Verordnung (EWG) Nr. 3821/85 an die hierfür zuständigen Stellen im Inland sowie in einem Mitgliedstaat der Europäischen Union oder einem Vertragsstaat des Abkommens über den Europäischen Wirtschaftsraum übermittelt werden.

-

§ 4c Auskünfte aus dem Kontrollgerätkartenregister

(1) Durch Abruf im automatisierten Verfahren dürfen aus dem Kontrollgerätkartenregister die nach § 12 der Fahrpersonalverordnung gespeicherten Daten für Maßnahmen im Zusammenhang mit der Ausgabe und Kontrolle von Fahrerkarten nach der Verordnung (EWG) Nr. 3821/85 an die hierfür zuständigen Behörden und Stellen im Inland, in einem Mitgliedstaat der Europäischen Union, in einem Vertragsstaat des Abkommens über den Europäischen Wirtschaftsraum und in der Schweiz übermittelt werden.
(2) Die zuständigen Behörden und Stellen dürfen die nach § 12 der Fahrpersonalverordnung gespeicherten Daten im automatisierten Verfahren abrufen, soweit die Kenntnis dieser Daten für Maßnahmen im Zusammenhang mit der Ausgabe und Kontrolle von Fahrerkarten nach der Verordnung (EWG) Nr. 3821/85 erforderlich ist. Die Daten dürfen nur für diese Zwecke verwendet werden. Die Daten sind zu löschen, soweit sie zur Aufgabenerfüllung nicht mehr erforderlich sind.
(3) Die für das Kontrollgerätkartenregister zuständige Stelle hat zu gewährleisten, dass die Übermittlung der Daten zumindest durch geeignete Stichprobenverfahren festgestellt und überprüft werden kann.

-

§ 5 Anordnungsbefugnis, Sicherungsmaßnahmen, Zurückweisung an der Grenze

(1) Werden bei einer Kontrolle auf Verlangen keine oder nicht vorschriftsmäßig geführte Tätigkeitsnachweise vorgelegt oder wird festgestellt, daß vorgeschriebene Unterbrechungen der Lenkzeit nicht eingelegt oder die höchstzulässige Tageslenkzeit überschritten oder einzuhaltende Mindestruhezeiten nicht genommen worden sind, können die zuständigen Behörden die Fortsetzung der Fahrt untersagen, bis die Voraussetzungen zur Weiterfahrt erfüllt sind. Tätigkeitsnachweise oder Kontrollgeräte, aus denen sich der Regelverstoß ergibt oder mit denen er begangen wurde, können zur Beweissicherung eingezogen werden; die Fahrerkarte darf während ihrer Gültigkeitsdauer nicht entzogen oder ihre Gültigkeit ausgesetzt werden, es sei denn, es wird festgestellt, dass die Karte gefälscht worden ist, der Fahrer eine Karte verwendet, deren Inhaber er nicht ist, oder die Ausstellung der Karte auf der Grundlage falscher Erklärungen oder gefälschter Dokumente erwirkt wurde.
(2) Im grenzüberschreitenden Verkehr können Kraftfahrzeuge, die nicht in einem Mitgliedstaat der Europäischen Union oder einem anderen Vertragsstaat des Abkommens über den Europäischen Wirtschaftsraum zugelassen sind und in das Hoheitsgebiet der Bundesrepublik Deutschland einfahren wollen, in Fällen des Absatzes 1 an den Außengrenzen der Mitgliedstaaten der Europäischen Union zurückgewiesen werden.
(3) Rechtsbehelfe gegen Anordnungen nach den Absätzen 1 und 2 sowie zur Durchsetzung der in § 4 Abs. 3 Satz 1 und Abs. 5 geregelten Pflichten haben keine aufschiebende Wirkung.

§ 6 Allgemeine Verwaltungsvorschriften

Das Bundesministerium für Verkehr und digitale Infrastruktur kann im Einvernehmen mit dem Bundesministerium für Arbeit und Soziales mit Zustimmung des Bundesrates zur Durchführung der in § 2 genannten oder auf § 2 beruhenden Vorschriften allgemeine Verwaltungsvorschriften erlassen, insbesondere über die Erteilung einer Verwarnung (§§ 56, 58 Abs. 2 des Gesetzes über Ordnungswidrigkeiten) wegen einer Ordnungswidrigkeit nach § 8 und darüber, in welchen Fällen eine solche Verwarnung nicht erteilt werden soll.

§ 7 Sicherheitsleistung

Wird eine angeordnete Sicherheitsleistung nicht sofort erbracht, so kann die zuständige Behörde die Weiterfahrt bis zur vollständigen Erbringung untersagen.

§ 8 Bußgeldvorschriften

(1) Ordnungswidrig handelt, wer vorsätzlich oder fahrlässig

1.

   als Unternehmer

   a)

      einer Rechtsverordnung nach § 2 Nr. 2 Buchstabe b oder Nr. 3 oder einer vollziehbaren Anordnung auf Grund einer solchen Rechtsverordnung zuwiderhandelt, soweit die Rechtsverordnung für einen bestimmten Tatbestand auf diese Bußgeldvorschrift verweist,

   b)

      einer Vorschrift der Verordnung (EG) Nr. 2135/98, der Verordnung (EWG) Nr. 3821/85, der Verordnung (EU) Nr. 165/2014 oder des AETR zuwiderhandelt, soweit eine Rechtsverordnung nach § 2 Nr. 1 Buchstabe e oder Nr. 2 Buchstabe e für einen bestimmten Tatbestand auf diese Bußgeldvorschrift verweist,

   c)

      entgegen § 3 Satz 1 ein Mitglied des Fahrpersonals nach der zurückgelegten Fahrstrecke oder der Menge der beförderten Güter entlohnt,

   d)

      entgegen § 4 Abs. 3 Satz 1 eine Auskunft nicht, nicht richtig, nicht vollständig oder nicht rechtzeitig erteilt oder eine Unterlage nicht oder nicht rechtzeitig aushändigt, nicht oder nicht rechtzeitig einsendet oder nicht oder nicht rechtzeitig zur Verfügung stellt,

e)

entgegen § 4 Abs. 3 Satz 6 dort genannte Daten nicht, nicht richtig oder nicht für die vorgeschriebene Dauer speichert,

f)

entgegen § 4 Abs. 3 Satz 7 ein Schaublatt oder einen Ausdruck nicht oder nicht für die vorgeschriebene Dauer aufbewahrt,

g)

entgegen § 4 Abs. 3 Satz 8 dort genannte Daten nicht oder nicht rechtzeitig löscht oder ein Schaublatt oder einen Ausdruck nicht oder nicht rechtzeitig vernichtet,

h)

entgegen § 4 Abs. 3 Satz 9 nicht dafür Sorge trägt, dass eine lückenlose Dokumentation oder Datensicherung erfolgt,

i)

entgegen § 4 Abs. 5 Satz 5 eine Maßnahme nicht duldet oder

j)

einer vollziehbaren Anordnung nach § 5 Abs. 1 Satz 1 oder § 7 zuwiderhandelt,

2.

als Fahrer

a)

einer Rechtsverordnung nach § 2 Nr. 2 Buchstabe b oder Nr. 3 oder einer vollziehbaren Anordnung auf Grund einer solchen Rechtsverordnung zuwiderhandelt, soweit die Rechtsverordnung für einen bestimmten Tatbestand auf diese Bußgeldvorschrift verweist,

b)

einer Vorschrift der Verordnung (EG) Nr. 2135/98, der Verordnung (EWG) Nr. 3821/85, der Verordnung (EU) Nr. 165/2014 oder des AETR zuwiderhandelt, soweit eine Rechtsverordnung nach § 2 Nr. 1 Buchstabe e oder Nr. 2 Buchstabe e für einen bestimmten Tatbestand auf diese Bußgeldvorschrift verweist,

c)

entgegen § 4 Abs. 3 Satz 1 eine Auskunft nicht, nicht richtig, nicht vollständig oder nicht rechtzeitig erteilt oder eine Unterlage nicht aushändigt,

d)

entgegen § 4 Abs. 3 Satz 2 einen Tätigkeitsnachweis nicht oder nicht rechtzeitig aushändigt,

e)

entgegen § 4 Abs. 3 Satz 4 die Fahrerkarte zum Kopieren nicht oder nicht rechtzeitig zur Verfügung stellt,

f)

entgegen § 4 Abs. 5 Satz 5 eine Maßnahme nicht duldet oder

g)

einer vollziehbaren Anordnung nach § 5 Abs. 1 Satz 1 oder § 7 zuwiderhandelt oder

3.

als Fahrzeughalter entgegen § 4 Abs. 3 Satz 1 eine Auskunft nicht, nicht richtig, nicht vollständig oder nicht rechtzeitig erteilt oder eine Unterlage nicht oder nicht rechtzeitig aushändigt, nicht oder nicht rechtzeitig einsendet oder nicht oder nicht rechtzeitig zur Verfügung stellt oder

4.

als Werkstattinhaber oder Installateur

a)

einer Rechtsverordnung nach § 2 Nr. 2 Buchstabe b oder Nr. 3 Buchstabe c oder einer vollziehbaren Anordnung auf Grund einer solchen Rechtsverordnung zuwiderhandelt, soweit die Rechtsverordnung für einen bestimmten Tatbestand auf diese Bußgeldvorschrift verweist, oder

b)

einer Vorschrift der Verordnung (EWG) Nr. 3821/85, der Verordnung (EU) Nr. 165/2014 oder des AETR zuwiderhandelt, soweit eine Rechtsverordnung nach § 2 Nr. 1 Buchstabe e oder Nr. 2 Buchstabe e für einen bestimmten Tatbestand auf diese Bußgeldvorschrift verweist.

(2) Die Ordnungswidrigkeit kann in den Fällen des Absatzes 1 Nr. 1 und 3 mit einer Geldbuße bis zu dreißigtausend Euro, in den übrigen Fällen mit einer Geldbuße bis zu fünftausend Euro geahndet werden.

(3) (weggefallen)

(4) In den Fällen des Absatzes 1 Nummer 1 Buchstabe b, Nummer 2 Buchstabe b und Nummer 4 Buchstabe b kann eine Ordnungswidrigkeit wegen einer Zuwiderhandlung gegen das AETR auch dann geahndet werden, wenn die Ordnungswidrigkeit nicht im Geltungsbereich dieses Gesetzes begangen wurde.

-

§ 8a Bußgeldvorschriften

(1) Ordnungswidrig handelt, wer als Unternehmer gegen die Verordnung (EG) Nr. 561/2006 des Europäischen Parlaments und des Rates vom 15. März 2006 zur Harmonisierung bestimmter Sozialvorschriften im Straßenverkehr und zur Änderung der Verordnungen (EWG) Nr. 3821/85 und (EG) Nr. 2135/98 des Rates sowie zur Aufhebung der Verordnung (EWG) Nr. 3820/85 des Rates (ABl. EU Nr. L 102 S. 1), die zuletzt durch die Verordnung (EG) Nr. 1073/2009 (ABl. L 300 vom 14.11.2009, S. 88) geändert worden ist, verstößt, indem er vorsätzlich oder fahrlässig

1.

einen Schaffner oder Beifahrer einsetzt, der das in Artikel 5 genannte Mindestalter nicht erreicht hat,

2.

nicht dafür sorgt, dass die in Artikel 6 Abs. 1 Satz 1, Abs. 2 oder 3 genannten

Lenkzeiten, die in Artikel 7 Satz 1 genannte Fahrtunterbrechung oder die in Artikel 8 Abs. 2 Satz 1, Abs. 4 bis 7 genannten Ruhezeiten vom Fahrer eingehalten werden,

3.

entgegen Artikel 16 Abs. 2 Satz 1 in Verbindung mit Abs. 3 Buchstabe a Halbsatz 1 einen Fahrplan oder einen Arbeitszeitplan nicht, nicht richtig oder nicht vollständig erstellt oder

4.

entgegen Artikel 16 Abs. 3 Buchstabe c einen Arbeitszeitplan nicht oder nicht mindestens ein Jahr aufbewahrt.

(2) Ordnungswidrig handelt, wer als Fahrer gegen die Verordnung (EG) Nr. 561/2006 verstößt, indem er vorsätzlich oder fahrlässig

1.

eine in Artikel 6 Abs. 1 Satz 1, Abs. 2 oder 3 genannte Lenkzeit, die in Artikel 7 Satz 1 genannte Fahrtunterbrechung oder eine in Artikel 8 Abs. 2 Satz 1, Absatz 4, 5, 6, 6a Satz 1 oder Absatz 7 genannte Ruhezeit oder Ruhepause nicht einhält,

2.

entgegen Artikel 6 Abs. 5 eine andere Arbeit oder eine Bereitschaftszeit nicht, nicht richtig oder nicht in der vorgeschriebenen Weise festhält,

3.

entgegen Artikel 12 Satz 2 Art oder Grund einer Abweichung nicht, nicht richtig, nicht in der vorgeschriebenen Weise oder nicht rechtzeitig vermerkt oder

4.

entgegen Artikel 16 Abs. 2 Unterabs. 2 einen Auszug auf dem Arbeitszeitplan oder eine Ausfertigung des Linienfahrplans nicht mit sich führt.

(3) Ordnungswidrig handelt, wer als Unternehmer, Verlader, Spediteur, Reiseveranstalter oder Fahrervermittler einen Beförderungszeitplan vertraglich vereinbart und nicht sicherstellt, dass dieser Beförderungszeitplan nicht gegen eine in Absatz 2 Nr. 1 genannte Vorschrift verstößt.

(4) Die Ordnungswidrigkeit kann in den Fällen der Absätze 1 und 3 mit einer Geldbuße bis zu dreißigtausend Euro, in den übrigen Fällen mit einer Geldbuße bis zu fünftausend Euro geahndet werden.

(5) In den Fällen der Absätze 1 und 2 kann die Ordnungswidrigkeit auch dann geahndet werden, wenn sie nicht im Geltungsbereich dieses Gesetzes begangen wurde.

-

§ 9 Zuständigkeit für die Verfolgung und Ahndung von Ordnungswidrigkeiten

(1) Wird ein Verstoß in einem Unternehmen begangen, das im Geltungsbereich dieses Gesetzes seinen Sitz oder eine geschäftliche Niederlassung hat, ist nur die Verwaltungsbehörde örtlich zuständig, in deren Bezirk die geschäftliche

Niederlassung oder der Hauptsitz des Betriebes liegt, bei dem der Betroffene tätig ist. Die §§ 38 und 39 des Gesetzes über Ordnungswidrigkeiten gelten entsprechend. Soweit nach Satz 1 oder Satz 2 eine Verwaltungsbehörde zuständig ist, die nicht auch für die Kontrolle der Bestimmungen dieses Gesetzes auf dem Betriebsgelände zuständig ist, unterrichtet diese Verwaltungsbehörde die für die Kontrollen der Bestimmungen dieses Gesetzes auf dem Betriebsgelände zuständige Behörde über begangene Ordnungswidrigkeiten.

(2) Wird ein Verstoß in einem Unternehmen begangen, das im Geltungsbereich des Gesetzes weder seinen Sitz noch eine geschäftliche Niederlassung hat, und hat auch der Betroffene im Geltungsbereich des Gesetzes keinen Wohnsitz, so ist Verwaltungsbehörde im Sinne des § 36 Abs. 1 Nr. 1 des Gesetzes über Ordnungswidrigkeiten das Bundesamt für Güterverkehr.

(3) (weggefallen)

(4) (weggefallen)

-

§ 10 Datenschutzbestimmungen

(1) Die nach § 9 für die Durchführung von Bußgeldverfahren zuständigen Behörden dürfen folgende personenbezogene Daten über laufende und abgeschlossene Bußgeldverfahren wegen der in § 8 Absatz 1 und der in § 8a Absatz 1 bis 3 genannten Ordnungswidrigkeiten speichern, verändern und nutzen, soweit dies für die Erfüllung ihrer Aufgaben oder für Zwecke der Beurteilung der Zuverlässigkeit des Unternehmens, bei dem der Betroffene angestellt ist, erforderlich ist:

1.

Name, Anschrift, Geburtsdatum und Geburtsort des Betroffenen, Name und Anschrift des Unternehmens,

2.

Zeit und Ort der Begehung der Ordnungswidrigkeit,

3.

die gesetzlichen Merkmale der Ordnungswidrigkeit,

4.

Bußgeldbescheide mit dem Datum ihres Erlasses und dem Datum des Eintritts ihrer Rechtskraft sowie

5.

die Höhe der Geldbuße und

6.

das Datum der Verwarnung oder des Erlasses des Verwarnungsgeldes.

(2) Die in Absatz 1 genannten Behörden übermitteln die Daten nach Absatz 1 für die dort genannten Zwecke

1.

an öffentliche Stellen, soweit die Daten für die Entscheidung über den Zugang zum Beruf des Güter- und Personenkraftverkehrsunternehmers erforderlich sind,

2.

auf Ersuchen an Gerichte und die Behörden, die in Bezug auf die Aufgaben nach diesem Gesetz Verwaltungsbehörde nach § 36 Abs. 1 Nr. 1 des Gesetzes über Ordnungswidrigkeiten sind oder

3.

in den Fällen des § 9 Absatz 1 Satz 3 an die für die Kontrollen der Bestimmungen dieses Gesetzes auf dem Betriebsgelände zuständigen Verwaltungsbehörden.

(2a) Die in Absatz 1 genannten Behörden haben Zuwiderhandlungen, die Anlass geben, an der Zuverlässigkeit des Unternehmers und der zur Führung der Kraftverkehrsgeschäfte bestellten Personen zu zweifeln, dem Unternehmen und der für das Unternehmen zuständigen Erlaubnisbehörde nach § 3 Abs. 7 des Güterkraftverkehrsgesetzes oder der Genehmigungsbehörde nach § 11 Abs. 1 des Personenbeförderungsgesetzes mitzuteilen. Zur Feststellung von Wiederholungsfällen haben sie die Zuwiderhandlungen der Angehörigen desselben Unternehmens zusammenzuführen.

(3) Eine Übermittlung unterbleibt, soweit hierdurch schutzwürdige Interessen des Betroffenen beeinträchtigt würden und nicht das öffentliche Interesse das Geheimhaltungsinteresse des Betroffenen überwiegt.

(4) Der Empfänger darf die nach Absatz 2 übermittelten Daten nur für den Zweck verarbeiten oder nutzen, zu dessen Erfüllung sie ihm übermittelt werden.

(5) Erweisen sich übermittelte Daten als unrichtig, so ist der Empfänger unverzüglich zu unterrichten, wenn dies zur Wahrung schutzwürdiger Interessen des Betroffenen erforderlich ist.

(6) Die nach den Absätzen 1 und 2 gespeicherten Daten sind zwei Jahre nach dem Eintritt der Rechtskraft des Bußgeldbescheides zu löschen. Wurde das Bußgeld zwei Jahre nach Rechtskraft des Bußgeldbescheides noch nicht oder nicht vollständig gezahlt, so sind die nach den Absätzen 1 und 2 gespeicherten Daten erst bei Eintritt der Vollstreckungsverjährung zu löschen. Wurde der Betroffene schriftlich verwarnt oder das Verfahren eingestellt, so sind die Daten zwei Jahre nach dem Erlaß der Verwarnung zu löschen. Daten eingestellter Verfahren sind unverzüglich zu löschen.

(7) § 15 Abs. 1 in Verbindung mit § 14 Abs. 2 Nr. 6 und 7 des Bundesdatenschutzgesetzes sowie die entsprechenden Vorschriften der Landesdatenschutzgesetze bleiben unberührt.

-

§ 11

(Inkrafttreten)

-

Über eine Bewertung bei Amazon oder anderen Distributoren freut sich die Redaktion. Mit Kritik und Verbesserungsvorschlägen für künftige Ausgaben wenden Sie sich auch gerne an MGJV.Verlag@gmail.com

Vielen Dank, Ihre Redaktion MGJV

www.ingramcontent.com/pod-product-compliance
Lightning Source LLC
Chambersburg PA
CBHW061145180526
45170CB00002B/628